Sebastian Bohrn Mena

Besser essen

Sebastian Bohrn Mena

BESSER ESSEN

Wie wir über unseren Teller
die Welt gestalten

GOLDEGG
VERLAG

Bildrechte Autorenfoto: Sascha Osaka, www.osaka.at
Jane Goodall Institut Österreich: www.janegoodall.at
Verein Tierschutzvolksbegehren: www.tierschutzvolksbegehren.at
Dr. Sebastian Bohrn Mena: www.bohrn-mena.at
Rede Seite 10: „How humans and animals can live together“ von Jane Goodall beim TedGlobal 2007: https://www.ted.com/talks/jane_goodall_how_humans_and_animals_can_live_together
Rechte Foto Jane Goodall: Stuart Clark
Bildrechte Umschlag: Kathrin Steigerwald, Hamburg
Umschlagfoto: mimacz/Adobe Stock.
Deutsche Übersetzung des Vorwortes von Jane Goodall (Seite 9 f): Nina Ritschl, BA MA, www.linguina.at

Der Verlag und seine Autoren sind für Reaktionen, Hinweise oder Meinungen dankbar. Bitte wenden Sie sich diesbezüglich an verlag@goldegg-verlag.com.

Der Goldegg Verlag achtet bei seinen Büchern und Magazinen auf nachhaltiges Produzieren. Goldegg Bücher sind umweltfreundlich produziert und orientieren sich in Materialien, Herstellungsorten, Arbeitsbedingungen und Produktionsformen an den Bedürfnissen von Gesellschaft und Umwelt.

FSC
www.fsc.org
MIX
Papier aus verantwortungsvollen Quellen
FSC® C014496

ISBN: 978-3-99060-179-2

Friedrichstraße 191 • D-10117 Berlin
Telefon: +49 800 505 43 76-0

Goldegg Verlag GmbH, Österreich
Mommsengasse 4/2 • A-1040 Wien
Telefon: +43 1 505 43 76-0

E-Mail: office@goldegg-verlag.com
www.goldegg-verlag.com

Layout, Satz und Herstellung: Goldegg Verlag GmbH, Wien
Printed in the EU

Für Tristan Maximilian Carl Gregorio.
Hab stets den Mut und das Vertrauen,
Deinen Weg zu gehen.

Inhaltsverzeichnis

Geleitwort von Jane Goodall

Das Buch von Sebastian Bohrn Mena über Tierwohl ist wichtig. Seit Jahren misshandeln wir Tiere, obwohl wir wissen, dass sie ähnliche Emotionen und Gefühle haben wie wir: in der medizinischen Forschung, in der Massentierhaltung, im Unterhaltungsbereich – die Liste ließe sich noch lange fortsetzen.

»Besser essen – Wie wir über unseren Teller die Welt gestalten können« erscheint genau zum richtigen Zeitpunkt, da gerade unser respektloser Umgang mit den Wildtieren (das Töten, der Verzehr, der Handel mit und der Verkauf von Wildtieren auf Wildtiermärkten) sowie mit den Nutztieren in der Massentierhaltung zur COVID-19-Pandemie geführt hat.

Vergessen wir nicht, dass jedes Tier ein Individuum ist. Danke, Sebastian, dass Sie dieses Buch geschrieben haben!

Jane Goodall, PhD, DBE
Gründerin des Jane Goodall Institute und UN-Botschafterin des Friedens

Als ich anfing, durch Afrika zu reisen, und über die Probleme der Schimpansen und ihre schwindenden Wälder sprach, wurde mir immer stärker bewusst, wie viele Probleme Afrikas auf die vorangegangene koloniale Ausbeutung zurückzuführen sind. Daher begann ich, in Länder außerhalb Afrikas zu reisen. Ich hielt Reden in Europa, in den USA und besuchte Asien. Und überall stieß ich auf diese furchtbaren Probleme. Ich bin sicher, Sie wissen, von welchen Problemen ich spreche. Ich spreche von der Umweltverschmutzung. Von der Luft, die wir einatmen, die oft giftig ist. Von der Erde, die unsere Nahrungsmittel vergiftet. Vom Wasser, vermutlich eines der wichtigsten Themen dieses Jahrhunderts, das nach wie vor auf der ganzen Welt durch das Versprühen von Agrar-, Industrie- und Haushaltschemikalien verschmutzt wird, was den Anschein erweckt, wir seien nicht in der Lage, aus vergangenen Erfahrungen zu lernen. Ich spreche von den Mangroven, deren Rodung Naturkatastrophen wie Tsunamis verstärkt. Von Bodenerosion. Wir sind mit der rücksichtslosen Verbrennung fossiler Brennstoffe konfrontiert, was gemeinsam mit anderen sogenannten Treibhausgasen zum Klimawandel führt. Endlich fangen Menschen auf der ganzen Welt an zu glauben, dass etwas mit unserem Klima gewaltig schiefläuft.

Auf der ganzen Welt sind die Klimaverhältnisse durcheinandergeraten. Und gerade die Armen sind am stärksten betroffen. Gerade Afrika ist schon jetzt betroffen. In vielen Teilen Afrikas südlich der Sahara sind die Dürreperioden um ein Vielfaches schlimmer geworden. Und wenn der Regen endlich kommt, führt er nur allzu oft zu Überflutungen und zusätzlichem Elend – zu einer Spirale der Armut, des Hungers und der Krankheit. Zu einer Vielzahl von Menschen, die in einem Gebiet leben, in dem sie das Land nicht ernähren kann, die zu arm sind, um sich Nahrungsmittel zu kaufen, die nicht wegziehen können, weil die gesamte Landfläche degradiert ist. Dies wiederum führt – langsam, sehr langsam – zu Desertifikation, indem die letzten verbliebenen Bäume gefällt werden. Und dies geschieht nicht nur in Afrika. Es geschieht auf der ganzen Welt.

Es war daher keine Überraschung für mich, dass ich auf meinen Reisen um die ganze Welt sehr viele junge Menschen traf, die die Hoffnung verloren zu haben schienen. Wir scheinen die Weisheit verloren zu haben, die Weisheit der indigenen Völker. Woran liegt das? Kann es sein, dass dieses außerordentlich kluge Gehirn, das die innovativsten Technologien hervorbringt, vom menschlichen Herzen entkoppelt ist? Vom Herzen, nicht im wissenschaftlichen Sinn, sondern im Sinne von Liebe und Mitgefühl. Gibt es hier eine Art der Entkoppelung? Und was die jungen Menschen betrifft, mit denen ich gesprochen habe, so waren sie im Grunde genommen entweder deprimiert oder apathisch – oder auch verbittert und wütend. Und sie nannten mehr oder weniger denselben Grund für diesen Zustand: »Wir fühlen uns so, weil wir den Eindruck haben, dass ihr unsere Zukunft gefährdet und wir nichts dagegen tun können.«

Wir gefährden ihre Zukunft. Ich habe drei kleine Enkelkinder und jedes Mal, wenn ich sie ansehe und daran denke, wie viel Schaden wir diesem wundervollen Planeten zugefügt haben, seit ich so alt war wie sie, spüre ich diese Verzweiflung. Und so ist das Programm entstanden, das wir Roots & Shoots (Wurzeln und Sprösslinge) nennen und das direkt hier in Tansania seinen Anfang nahm und mittlerweile in 97 Ländern der Welt vertreten ist. Es ist ein Symbol. Wurzeln bilden einen festen Grund. Pflanzensprösslinge scheinen sehr zart, aber um Licht zu erreichen, können sie Mauern durchbrechen. Stellen Sie sich vor, dass diese Mauern alle ökologischen und sozialen Probleme darstellen, die wir unserem Planeten auferlegen. Dies ist eine Botschaft der Hoffnung. Hunderte und Tausende junger Menschen auf der gesamten Welt können diese Mauern durchbrechen, um unsere Welt für alle Lebewesen zu verbessern. Die wichtigste

Botschaft von Roots & Shoots lautet: Jede und jeder Einzelne von uns kann etwas bewirken, an jedem einzelnen Tag. Wir haben die Wahl. Jede und jeder von uns in diesem Raum hat die Wahl, welche Art von Wirkung sie oder er erzielen möchte. Die Ärmsten haben keine Wahl. Es liegt an uns, die Dinge zu ändern, damit auch die Armen diese Wahl haben.

Vorwort

> *»Ich bin Leben, das leben will, inmitten von Leben, das leben will.«*
> Albert Schweitzer

Am Anfang dieses Buches steht ein Bekenntnis zur Ehrfurcht vor dem Leben. Albert Schweitzer und seine besondere Menschen wie Natur gleichermaßen umfassende Ethik soll uns in diesem Buch als Pate zur Seite stehen. Eine gemeinsame Reise liegt vor uns. Sie hat begonnen, als dieses Buch geöffnet wurde. Sie wird viele Erkenntnisse bringen und mit einer Veränderung enden. Es wäre wohl anmaßend von mir zu behaupten, dass sich durch das Lesen dieses Buches die Welt verändern würde. Aber in gewisser Weise geschieht das vielleicht doch. Denn unser Blick auf die Welt wandelt sich, wenn wir sie durch die Augen von anderen betrachten, und wird dadurch sogar nachhaltig bereichert.

Mein Blick auf die Welt und wie er sich über die Zeit gewandelt hat, soll sich wie ein roter Faden durch dieses Buch ziehen. Dabei geht es weniger um meine persönlichen Vorlieben als vielmehr um die Erkenntnisse, die ich gewinnen konnte, und die besonderen Begegnungen, die mir in den letzten Jahren ermöglicht wurden. Von denen ich manche hier teilen möchte, weil sie mich geprägt haben. Es geht aber auch um das Wissen, das Experten und Organisationen für uns bereitstellen, zu dem wir jedoch viel zu selten Zugang erlangen. Wenn es um unsere Ernährung geht, liegt so vieles bereits auf dem Tisch und wartet nur darauf, von uns zusammengeführt zu werden.

Dieses Buch richtet sich an die Köpfe und die Herzen seiner LeserInnen gleichermaßen. Es ist ganz bestimmt keine Anklage und schon gar keine Belehrung. Es soll informieren, indem es Ursachen aufdeckt und Zusammenhänge aufzeigt. Aber ohne zu verdammen, denn Spaltung erleben wir bereits genug. Es soll vielmehr verbindend wirken, auch indem wir erkennen, dass und wie wir alle miteinander in Beziehung stehen, Menschen, Umwelt und Tiere. Vor allem aber soll es Mut machen. Denn die gute Nachricht ist, und sie müssen wir stets in Erinnerung behalten auf der gemeinsamen Reise, die wir nun in diesem Buch unternehmen werden: Wir haben die Macht zu gestalten – jeden einzelnen Tag, als Individuen und im Kollektiv.

Die Welt ist im Wandel, wir befinden uns inmitten einer Zeitenwende. Viele von uns spüren das, auch wenn es oftmals noch ein diffuses Gefühl des Unbehagens ist, das wir nur schwer einordnen können. Wir erleben den Wandel dokumentiert in immer dramatischeren Nachrichten aus aller Welt, teils lückenhaft dargestellt, selten in Zusammenhang gebracht: über das massenhafte Aussterben der Insekten und Vögel, über brennende Regenwälder, überflutete Landstriche und schmelzende Gletscher; über den Niedergang der kleinbäuerlichen Landwirtschaft, den Hunger von Millionen, verseuchte Gewässer, kontaminierte Böden, verpestete Luft, das kollabierende Klima.

Diese Flut an Informationen gleicht Blitzlichtern des Schreckens, die viele von uns ratlos zurücklassen. So gut kann man sich gar nicht ins Bild setzen, als dass man hier noch den Überblick hätte. Echte Informationsvermittlung, geschweige denn Ermächtigung, kann so auch gar nicht gelingen. Denn wenn wir nicht fassen können, wie und wo uns das betrifft, vor allem aber was wir selbst machen können, dann schalten wir unweigerlich ab. Es ist eine Art Schutzmechanismus, der mehr oder weniger gut funktioniert. Manche äußern sich öffentlich, spenden, engagieren sich. Das hat weniger mit dem Grad an Bildung zu tun, sondern eher mit der Fähigkeit, Mitgefühl mit der Welt und unseren Mitgeschöpfen zu empfinden.

Wenn Legionen von Wissenschaftlern immer alarmierter vom »größten Artensterben der Menschheitsgeschichte« sprechen, dann wissen wir instinktiv, dass uns das etwas angeht. Wenn wir hören, dass die Erde am Abgrund steht, dass unseren Enkelkindern mit Sicherheit, vermutlich aber sogar schon unseren Kindern eine Zukunft unter unwürdigeren Bedingungen bevorsteht, dann spüren wir, dass wir etwas tun müssen. Aber was? Eine erste Reaktion darauf ist Rückzug. Und das ist es, was wir gesellschaftlich derzeit erleben. Manche sprechen von »Neo-Biedermeier«, also der Abkehr vom öffentlichen Leben zugunsten des Kontrollierbaren in der eigenen Lebenswelt, in dieser Zeit der massiven Umbrüche und Krisen.

Zur Lebenswelt gehört für die allermeisten von uns auch die nahezu ständige Verbindung mit der scheinbar grenzenlosen digitalen Öffentlichkeit. Das Internet bringt uns in den letzten Winkel des Planeten, aber nur scheinbar. Denn wir können zwar vieles betrachten, aber selbst teilhaben können wir nur selten. Das macht etwas mit uns. Wir sind vorgeblich in Berührung mit allem um uns herum, in dem Ausmaß, wie wir danach streben. Noch nie war es so einfach, umfassend Einblick zu erhalten – das bedeutet aber nicht zwingend, dass sich daraus leicht eine Handlung ableiten lässt. Wo fangen wir an, wie integrieren wir die Perspektivenerweiterung in unser Korsett der Notwendigkeiten, das unseren Alltag gleichermaßen stützt wie Spielräume begrenzt?

Kehren wir zurück zur guten Nachricht: Eine andere Welt ist möglich. Und wir können einen Beitrag dazu leisten, sie zu unserer Realität werden zu lassen – durch viele kleine bewusste Handlungen, als GestalterInnen unserer eigenen

Lebenswelten. Aber auch als Teil eines neuen Kollektivs, das sich zum Ziel gesetzt hat, das System und seine Spielregeln zu ändern. Denn wir sind nicht nur wandelnde Geldbörsen, die aussuchen dürfen, was Konzerne uns ins Regal stellen. Wir sind auch BürgerInnen, also der Souverän, der letztlich mit seiner Stimme entscheidet, was in unserem Staat erlaubt ist und was nicht. Wir müssen diese nur erheben und uns selbst stärker als AkteurInnen betrachten. Auch wenn das für viele ungewohnt sein mag.

Denn es ist kein Naturgesetz, dass just jene Produkte, die Menschen, Tieren und der Umwelt am meisten schaden, am billigsten sein müssen. Im Gegenteil: Eigentlich sollte es umgekehrt sein. Was gut für die Tiere, für die Umwelt und für unsere Nachkommen ist, sollte für alle leistbar sein. Das ist keine Utopie, das ist eine reale Möglichkeit. Dazu benötigt es aber den politischen Willen und eine Reihe von konkreten Maßnahmen, die grundlegende Strukturen und Abläufe ändern. Am Anfang dieser Änderung steht aber die Erkenntnis über Zusammenhänge, die oftmals ganz gezielt vor uns verborgen werden. Denn für den Profit einiger weniger zahlen immer viele: Menschen, Tiere, die Umwelt. Das ist eine unangenehme Wahrheit.

Es gibt kaum einen Ort, wo sich das so stark und klar zeigt wie auf unserem Teller. Diese kleine Fläche, die wir täglich und unser ganzes Leben lang benutzen, entscheidet mit über die Entwicklung der Welt. Das ist eine gute wie schlechte Nachricht, denn das Problem wie auch die Lösung liegen damit direkt vor uns. Und wir sind in der Lage zu beeinflussen, nämlich durch die Wahl dessen, was auf diesem Teller landet. Tatsächlich ist unsere Ernährung eines der wenigen Dinge, die wir in unserer globalisierten und digitalisierten Welt noch unmittelbar steuern können. Aber eben nicht unbedingt nur in der Weise, die uns Konzerne und Werbung mit der angeblichen »Macht der Konsumenten« einreden möchten.

Wenn wir etwa im Restaurant ein Steak essen, dann essen wir auch den brandgerodeten Regenwald. Wir essen das genmanipulierte Kraftfutter, das dort angebaut und über die halbe Welt in unsere Ställe gebracht wurde. Wir essen den Stress und das Leid der Tiere, die Intensivmast und Transporte hervorbringen. Aber in der Regel erfahren wir nichts davon. Und noch weniger erfahren wir über die vielen negativen Auswirkungen, die diese Form des Umgangs mit den Tieren und der Umwelt auf uns alle und auch auf unsere Kinder und Enkelkinder hat. Wenn wir im Lokal keine fünf Euro für das Aktionsschnitzel samt Beilage bezahlen, dann bleibt ein gewaltiger Schuldenberg zurück. Den andere abtragen müssen.

Aber auch wenn wir 20 Euro für die Portion Fleisch bezahlen, auf der Packung oder Speisekarte eine österreichische oder deutsche Flagge weht und eine »glückliche« Kuh uns anblickt, sagt das noch nichts über die ethische, ökologische oder gesundheitliche Dimension aus. Billig ist automatisch schlecht, teuer immer gut? Das ist zu einfach. Denn in einem Wirtschaftssystem, das wahrlich auf dem Kopf steht, sind gewisse Grundlogiken außer Kraft gesetzt. Viel zu lange hat man uns eingeredet, dass wir uns die Welt an der Kassa gerecht kaufen können. Aber das, was wir dort erwerben können, wenn wir genug Geld hinlegen, ist eher eine kleine Dosis gutes Gewissen, die nicht lange hält.

Solange wir keine echte Transparenz haben über die Herkunft und die Geschichte unserer Nahrung, so lange werden wir keine bewusste Konsumentscheidung treffen können. Die oft bemühten Gütezeichen sind weitgehend nutzlos in einer Welt, in der Industrie-Konglomerate sich unter Mithilfe von Umweltschutzorganisationen ihre Siegel selbst basteln. Der Staat hat hier eindeutig versagt, weil die Politik viel zu lange alles dem unbegrenzten Wirtschaftswachstum untergeordnet hat. Die Geiz-ist-geil-Mentalität wurde mit vielen Marketing-Millionen in unseren Köpfen verankert, die verheerenden Auswirkungen der Wegwerf-Gesellschaft wurden von unseren politischen Vertretern über lange Zeit achselzuckend zur Kenntnis genommen.

Nun werden langsam die gewaltigen Folgekosten aus den Schäden an Tieren, Umwelt und Klima sichtbar, aus dem Niedergang der kleinbäuerlichen heimischen Landwirtschaft und der Verödung ländlicher Gebiete. Das zahlt am Ende die Gemeinschaft, also wir alle, direkt mit unseren Steuergeldern und indirekt mit dem Verlust an Lebensqualität und Sicherheit. Je länger wir die Augen vor dieser zutiefst ungerechten Kostenaufteilung verschließen, umso größer wird die Last für unsere Nachkommen. Aber wir können jetzt etwas dagegen unternehmen, wenn wir den Mut aufbringen hinzusehen.

Unsere Reise beginnt jetzt, wenn Sie es möchten. Ich werde unterwegs anhand von ausgewählten Beispielen zeigen, wo gegenwärtig Probleme bestehen und wie wir sie unmittelbar und mittelfristig lösen könnten. Ich werde es wagen, mit Ihnen gemeinsam zu erkunden, wie eine Welt aussehen kann, in der das Gemeinwohl für alle im Mittelpunkt steht und nicht das unerbittliche Profitstreben dominiert. Ich möchte damit eine Perspektive für all jene unter Ihnen bieten, die darüber nachdenken, selbst aktiv zu werden, oder es schon sind. Auf Ihrem Teller. Als Teil einer Bewegung der gemeinsamen Ideale und Werte. Auf dem Weg, selbst die Veränderung zu bewirken, die Sie sich in der Welt wünschen.

Stück für Stück, einen Schritt nach dem anderen.

Den ersten setzen wir jetzt gemeinsam. Los geht's.

Von Bruno und sprechenden Schweinen

Als ich Bruno das erste Mal begegnete, war ich einfach nur entzückt. Es mag etwas seltsam klingen, aber dieses Wort kam mir tatsächlich als Erstes in den Sinn, als ich nach einer Beschreibung dessen suchte, was ich damals empfand. Ich war mit meiner Frau und unserem kleinen Sohn, er war kaum mehr als ein Jahr alt, gerade unterwegs durch die ländlichen Regionen Österreichs, um Menschen und Bauernhöfe zu besuchen. Es war zu einer Zeit, in der ich intensiv nach Austausch und Begegnung suchte, vor allem mit Menschen, die sich bereit erklärt hatten, ihre Perspektiven mit mir zu teilen. Für mich wurde es zu einer Art Rundfahrt des Lernens, die mich stärker prägte, als ich das je für möglich gehalten hätte.

Eine Station auf dieser Reise führte mich an einem heißen Sommertag aus der aufgeheizten Stadt mitten ins ländliche Nirgendwo. Wir waren bereits auf der Heimfahrt aus dem Westen Österreichs und hielten noch bei einem Bekannten, der in einer kleinen Gemeinde auf dem Land wohnte. Ich schätzte ihn für sein Wissen und seine Erfahrungen, vor allem im Umgang mit Tieren, für seine Verbundenheit mit der Natur. Ich hatte mich daher sehr auf unser Wiedersehen gefreut. Sein hübsches Haus stand am Rande eines weitläufigen Grundstücks mit vielen Bäumen und Büschen. Sehr idyllisch also, und als wir am Hof ankamen, liefen eine Katze und allerlei andere Tiere umher.

Als ich aus dem Auto stieg, stand Bruno, ein süßes rosa Ferkel, plötzlich vor mir. Auch seinetwegen war ich gekommen, denn ich hatte gehört, dass er hier sein würde. Ich muss gestehen, ich war unglaublich neugierig auf ihn, fast schon aufgeregt, erfasst von einer Art kindlicher Vorfreude. Ich erinnere mich nicht, wann ich davor zuletzt diese Spannung erlebt hatte. Als wäre er ein besonderer Gelehrter, der Geheimwissen für mich bereithalten würde. Und irgendwie wurde er für mich auch zum Gelehrten. Aber das wusste ich damals noch nicht. Ich weiß nicht mehr, was ich mir von unserer Begegnung erwartet hatte, aber ich erinnere mich an die großen Gefühle, die damit verbunden waren.

Einige Wochen davor, als ich unsere kleine Tour zusammenstellte, hatte ich meinen Bekannten bereits mit der Absicht kontaktiert, Bruno treffen zu wollen. Denn er hatte mir in vielen Nachrichten von ihm berichtet, mir Fotos geschickt. Und ich dachte, wenn ich schon durch Österreich unterwegs bin, dann könnte ich doch am Weg heimwärts bei ihm halten. Eine grandiose Idee, wie sich im Nachhinein herausstellte. Aber nicht nur wegen des wertvollen Austausches mit meinem Bekannten, sondern ebenso wegen der besonderen Begegnung mit Bruno. Ich bin im Grunde ein recht vorstellungsbegabter Mensch, manche würden mir gar eine blumige Fantasie zuschreiben. Aber sie reichte nicht ansatzweise.

Nun, Bruno war also ein Ferkel. Es war damals in Größe und Gewicht ungefähr mit meinem Sohn vergleichbar. Und sie teilten den Spieltrieb, den sie sofort unbeschwert miteinander im Garten meines Bekannten auslebten. Noch bevor ich ein Wort sagen konnte, stürzte mein Sohn aus den Armen meiner Frau auf Bruno zu. Fast wollte ich dazwischengehen, mehr aus Sorge um das Ferkel. Man muss wissen: Ich war damals Anfang 30 und hatte noch nie in meinem Leben einen direkten körperlichen Kontakt zu Schweinen gehabt. Natürlich war ich ihnen schon begegnet.

Oft sogar. Ich war genauso gut einem Tiger, einem Koala, einem Nashorn, einem Zebra, einer Giraffe und einem Elefanten »begegnet«.

Aber ich würde es nicht unbedingt als echte Begegnung bezeichnen, sie im Zoo zu sehen. Hinter den vielen Zäunen und hohen Mauern, im Vorbeigehen als Teil einer sich durch die arrangierte Anlage bewegenden Masse. Und natürlich war ich Schweinen zahlreich auf den vielen Bauernhöfen begegnet, die ich in den Monaten zuvor besucht hatte. Aber nie bin ich ihnen so nah gekommen. Meist war es ein kurzer Besuch im Stall, manchmal fungierten sie auch als Statisten. Wie während meines letzten Wahlkampfs, wo viele wunderbare Fotos entstanden, wie ich mit Tieren auf der Alm posierte. Doch diesmal war es mein erklärtes Ziel, eine körperliche Naherfahrung zu machen.

Ich näherte mich also plangemäß Bruno und beobachtete begeistert, wie selbstverständlich mein Sohn mit ihm umging. Er griff ihm an die Nase, umarmte ihn, jagte ihn über den ganzen Hof und ließ sich umgekehrt dann von ihm verfolgen. Das freudige Gelächter des Buben und das begeisterte Gequieke von Bruno vermischten sich in meinen Ohren zu einem Konzert der Glückseligkeit. Da in diesem Moment die Sonne am blauen Himmel strahlte und eine leichte Brise durch die Bäume wehte, deren Blätter sanft rauschten, kam mir das Ganze fast schon kitschig schön vor. Unweigerlich wurde ich wieder zum Beobachter, erfreute mich an der Szenerie und hielt sie fotografisch fest.

Es kommt ja nicht so oft vor, dass dein Sohn mit einem Ferkel herumtollt, und das ist schon etwas, das man für die Ewigkeit festhalten möchte. So verging ein wenig Zeit, bis ich mich erneut an mein Vorhaben erinnerte. Ich ging also zu Bruno, fasste mir ein Herz und nahm ihn in die Arme. Weich, kuschelig, warm. Ich werde dieses Gefühl nie vergessen. Ich bat meine Frau, schnell ein paar Fotos zu machen, denn ich merkte, dass Bruno meine Euphorie nicht in gleichem Maß teilte. Verständlich, wer will schon mitten beim Spielen einfach hochgehoben werden. Es kam mir einigermaßen unwirklich vor, da quasi im Nirgendwo mit einem Schwein im Arm herumzustehen und sich der puren Freude daran hinzugeben.

Dementsprechend war es nicht leicht für mich, ihn wieder herzugeben. Aber die großen Augen, mit denen mein Sohn mich ansah, halfen mir ein wenig dabei. Schließlich wusste ich, dass die beiden sich nun wieder einander widmen würden, und das war genauso schön mitanzusehen, wie das kleine Ferkel in den Armen zu halten. Ich erinnere mich, als wäre es gestern gewesen, wie ich in dem Moment spürte, dass mich diese Begegnung verändern würde. Vielleicht kennen Sie das, wenn ein Gefühl Sie erfasst, dass gerade Veränderung passiert. Manchmal kann man es nicht in Worte fassen, aber weiß genau, dass ab diesem Moment etwas anders sein würde. Genau so ging es mir damals.

Wenn ich heute darüber nachdenke, was genau da geschehen sein mag, dann kann ich es immer noch nicht richtig erklären. Denn Vegetarier war ich lange vorher geworden. Für den Tierschutz hatte ich mich auch seit Jahren engagiert. Es ist vielmehr wie das emotionale Anerkennen einer Tatsache, die ich intellektuell bereits akzeptiert hatte: dass jedes Lebewesen, so klein und unscheinbar es sein mag, welche Zuschreibungen wir ihm gesellschaftlich auch zukommen lassen, einen Wert in sich hat. Ausgelöst und verstärkt durch das Gefühl dieses Ferkels im Arm, das mich so sehr an das Gefühl erinnerte, als ich meinen Buben als Baby im Arm hielt. Zerbrechlich und unendlich wertvoll.

Vielleicht war es das, was sich in mir änderte in diesem Augenblick, der mir wie eine Ewigkeit vorkam. Ich erkannte das Lebewesen in meinem Arm, dem ich intellektuell seit Langem einen hohen Wert zuschrieb, als Bestandteil einer universellen Ethik, die auch Tiere als unsere Mitgeschöpfe einschließt. Aber das eine ist der Kopf und das andere ist das Herz, also das Gefühl, das sich mit dem Gedanken verbindet. Als würde da plötzlich Strom fließen und ein Licht bei mir aufgehen. Und das, was es in diesem Moment erhellte, brachte die so simple wie alles verändernde Erkenntnis mit sich, dass ich eine Verantwortung für dieses Lebewesen trage. Nicht nur in diesem Moment, nicht nur für dieses Ferkel, sondern für die Gesamtheit dessen, was mich umgibt und was mit mir verbunden ist. Auch über meinen eigenen Konsum. Es war nicht nur eine besondere Form des Mitgefühls, das sich dadurch in weiterer Folge bei mir einstellte, sondern eine fast synaptische Verbindung von bislang unverbundenen Denkwelten. Ich bin mir nicht sicher, ob ich es sinnvoll beschreiben kann, aber es kam mir vor, als hätte ich in den darauffolgenden Wochen und Monaten immer mehr begriffen, wie stark tatsächlich alles miteinander verbunden ist. Das Ferkel im Arm, das Schnitzel auf dem Teller, der Tiertransport auf der Straße. Und meine Entscheidung, im Leben hinzusehen, die Augen zu öffnen.

Verschlossene Augen

Ich weiß nicht viel über die Geschichte von Bruno bis zu jenem Tag, an dem er bei meinem Bekannten ein neues Zuhause fand. Und ich muss gestehen, ich habe es auch nie groß hinterfragt, ich habe mich einfach für und über ihn gefreut. Aber dass ich Bruno begegnen konnte, verdanke ich nicht nur meinem Bekannten, sondern wohl auch jenen Menschen, die ihn gerettet haben – unter welchen Umständen das auch immer passiert sein mag. Bruno wäre sonst vielleicht gestorben, wie so viele Ferkel, die jährlich im Abfall der industrialisierten Zuchtanlagen landen. Ohne dass wir groß davon erfahren, weil uns niemand davon erzählt und weil wir längst die Augen davor verschlossen haben.

Es ist mir erst sehr viel später bewusst geworden, wie absurd es ist, dass wir in unserem Mitgefühl und Interesse so stark zwischen Hunden und Katzen, Ferkeln und Kälbern, Pferden und Vögeln differenzieren. Wie leicht wir uns fernhalten lassen von den einen und wie stark wir die Nähe suchen zu den anderen. Wie wir wegschauen bei Not und Elend der sogenannten Nutztiere, wie liebevoll wir uns um jene kümmern, die mit uns zusammenleben oder denen von uns ein höherer Wert zugeschrieben wird. Das Verständnis darüber, wie hart die Auswirkungen dieser Differenzierungen auf die Tiere sind, aber auch auf uns Menschen und die Natur, folgte später.

In Deutschland, so besagt eine Studie, stirbt jedes fünfte Schwein frühzeitig, also vor der regulären Schlachtung. Das sind über 13 Millionen Tiere pro Jahr. In Österreich und in der Schweiz gibt es kaum valide Zahlen dazu, wir müssen aber davon ausgehen, dass es Zigtausende sind. Von jenen, die überleben, weist Schätzungen zufolge fast die Hälfte sogenannte Organbefunde auf, wenn sie im Schlachthaus untersucht werden. Das heißt, sie waren erkrankt oder haben Verletzungen erlitten. Sehr häufig werden bei den Untersuchungen Lungen- und Herzbeutelentzündungen sowie Verwurmung festgestellt. »Industrie-Schwein« sein heißt also leider, sehr oft krank und verletzt zu sein.

Ich bin kein Anhänger der Vermenschlichung von Tieren, aber es sind erwiesenermaßen fühlende Wesen. Und es ist für mich unvorstellbar, dass wir als Menschen ein System geschaffen haben, in dem diese fühlenden Geschöpfe nahezu durchgehend von starken Schmerzen geplagt sind. Man kann nun lang und breit diskutieren, ob es überhaupt legitim ist, Tiere zu züchten, um sie landwirtschaftlich zu nutzen. Aber das müssen wir an dieser Stelle gar nicht, wir können und sollen unabhängig von dieser Frage festhalten, dass es nicht legitim ist, sie zu quälen. Und wir sollten anerkennen, dass es Tortur gleichkommt, wie diese »industrialisierten« kranken Schweine ihr kurzes Leben fristen müssen.

Nehmen wir die Zahlen nicht einfach so hin, halten wir uns das für einen Moment vor Augen: Jedes fünfte Schwein ist so schwer krank oder verletzt, dass es stirbt. Millionen Tiere also, die geboren werden, um im Abfall zu enden. Millionen Tiere, die kein Leben im eigentlichen Sinne gelebt haben, sondern die einige Wochen oder Monate dahinvegetieren, um dann an den Rahmenbedingungen, die wir ihnen zumuten, elend zugrunde zu gehen. Ganz legal. Dabei gelten die gesetzlichen Standards in der Landwirtschaft in Europa ohnehin schon als die höchsten der Welt. Was sagt das über eine Gesellschaft aus, die akzeptiert, dass Tiere dieses Schicksal erleiden? Wohl nichts Gutes.

Es ist noch nicht lange her, da schockierte ein Zeitungsbericht über eine steirische Schweinezuchtanlage die mediale Öffentlichkeit. Bilder zeigten Dutzende Mülleimer, bis an den Rand gefüllt mit toten Ferkeln. Der daraufhin befragte Betriebsleiter rechnete vor, dass es rund fünftausend Ferkel jährlich seien, die während der Zucht bei ihm sterben würden. Allein in diesem einen Betrieb, der noch dazu mit einem Gütesiegel ausgezeichnet worden war. Er schilderte das mit einer erschreckenden Gleichgültigkeit. Die Schweine würden aufgrund von Erkrankungen und Verletzungen in den ersten Wochen sterben oder müssten notgeschlachtet werden, zumeist als Folge der Haltungsbedingungen.

Denn diese industriell gezeugten und genutzten Schweine müssen, mehr noch als andere Tierarten, sehr viel Leid über sich ergehen lassen. Ohne Betäubung werden sie kastriert, ihre Zähne werden geschliffen, ihre kleinen Schwänzchen abgeschnitten. All das passiert nicht zu ihrem Wohl, sondern weil es die Haltung erfordert. Sie fristen ihr kurzes Dasein eingepfercht auf engstem Raum, oftmals ohne Tageslicht und frische Luft. Ohne Bewegung und ohne sinnvolle Beschäftigung beginnen sie sich gegenseitig zu beißen.

Die allermeisten müssen auf Vollspaltenböden leben, was zu Verletzungen und Entzündungen der Atemwege führt.

Ich muss gestehen, ich wusste nicht, was Vollspaltenböden sind. Woher auch. Es handelt sich dabei um Betonböden, die mit Spalten durchzogen sind, damit Kot und Urin durchfallen können. Dies bedeutet eine deutliche Arbeitserleichterung für die Landwirte. Einstreu, etwa mit Stroh, ist nicht möglich, da diese Spalten sonst verstopfen würden. Die meisten Schweine sehen daher in ihrem Leben keinen einzigen Strohhalm. Das führt neben den erwähnten Verletzungen auch zu einer viermal so hohen Sterberate im Vergleich zu auf Stroh gehaltenen Schweinen. Aus gutem Grund ist diese Form der Haltung in Dänemark, Finnland und Schweden bereits verboten. Nicht jedoch in Deutschland oder Österreich.

Untersuchungen aus Bayern zeigen, dass fast alle auf diesen Vollspaltenböden gehaltenen Tiere Gelenkserkrankungen haben. Deswegen müssen sie mit Antibiotika behandelt werden. Drei Viertel aller in der österreichischen Nutztierhaltung eingesetzten Antibiotika werden Schweinen verabreicht. Das lässt sich dann auch noch im abgepackten Fleisch im Kühlregal der Supermärkte nachweisen, wie eine Greenpeace-Studie ergab. Ein Drittel aller Proben war außerdem mit Keimen belastet, die gegen Antibiotika resistent sind. Eine große Gesundheitsgefahr für den Menschen, denn so können Resistenzen entstehen, die dazu führen, dass Antibiotika-Einsatz bei bakteriellen Infektionen wirkungslos wird.

Ich will die Frage der gesundheitlichen Auswirkungen und Risiken dieses Systems für Menschen an dieser Stelle nicht näher vertiefen, darauf gehe ich später ein. Aber es stimmt mich doch nachdenklich, wenn selbst das Fleisch, das es auf unsere Teller schafft, in vielen Fällen stark mit Keimen belastet ist, die hochgradig schädlich für uns sein können. Und dass wir Medikamente in einem derartigen

Ausmaß einsetzen müssen, damit die Tiere diese Prozedur der industriellen Aufzucht und Mast überstehen, zeigt auch, wie weit wir uns von natürlichen Abläufen entfernt haben. Diese Entfremdung von der Natur macht nicht nur die Tiere, sondern letztlich auch uns und die Umwelt krank.

Wenn die Schweine diese grausame Form der Haltung überleben, dann werden sie über viele Kilometer in Tiertransporten herumgekarrt, zum Teil durch ganz Europa. Während der Fahrt werden sie schlecht versorgt und oftmals sind die Transporte heillos überladen. Ihren letzten Weg, jenen in die Schlachtanlagen, verbringen sie also auch unter großem Stress und in Angst. All das ist keine Notwendigkeit, es ist einzig und allein dem Profitstreben geschuldet. Denn anders rechnet sich die »Produktion« von Schweinefleisch im großen Stil nicht. Und damit sind wir schon beim Grundproblem angelangt: Das Geld bestimmt die Art ihres Lebens.

Die persönliche Begegnung mit Bruno, der körperliche Kontakt zu ihm und das Spüren des Pochens seines kleinen Herzens, haben mich dazu gebracht, mich mit all diesen Hintergründen zu befassen. Es ist nicht so, dass dieses Wissen nicht zugänglich wäre, dass nicht schon Hunderte Publikationen erschienen sind – von rein wissenschaftlich bis eher populistisch –, die Einblick geben würden in die Art und Weise, wie wir mit landwirtschaftlich genutzten Tieren umgehen. Aber man sieht das doch noch einmal anders, wenn man einen unmittelbaren Bezugspunkt hat. Bruno wurde für mich zu diesem Bezugspunkt, zu dem Anlassfall, der mich animierte, den Blick hinter die Kulissen zu wagen.

Die allermeisten Menschen wie ich, also jene, die nicht auf dem Bauernhof, sondern in einer Großstadt aufgewachsen sind und daher kaum oder keinen direkten Bezug zu landwirtschaftlich genutzten Tieren haben, erfahren so gut wie nichts über ihre Haltungs- und Lebensbedingungen. Weder in der Schule noch in der Familie wird in der Regel darüber gesprochen, wie der Alltag von Schweinen, Kühen oder Hühnern aussieht. Man kann froh sein, wenn man noch identifizieren kann, welche Art von Tier da gerade vor einem auf dem Teller liegt, der einzelne Körperteil lässt sich hingegen kaum noch feststellen. Und wer kennt eigentlich den ungewürzten Geschmack von unterschiedlichen Fleischarten?

Ich denke, dass es relevant ist zu wissen, was aus dem Tier wird, das wir für unsere Nahrung nutzen. Welche Teile des Körpers wofür verwertet werden und was mit dem Rest passiert. Wenn man auf die Packung nicht genau draufschreibt, worum es sich da angeblich handelt, und sie mit dem geschönten Foto des gegenständlichen Lebewesens bebildert, dann gibt es kaum mehr einen Zusammenhang. Es sollte zur Grundbildung jedes Menschen gehören, da nehme ich auch unser Bildungssystem in die Pflicht, sich mit diesen Dingen zu beschäftigen. Aus Gründen der eigenen Gesundheit, aber auch aus Respekt gegenüber den Tieren, der Natur und der Arbeit, die dahintersteckt.

Wir haben völlig den Bezug dazu verloren, was über 99 Prozent der Bevölkerung konsumieren: tierische Lebensmittel. Und das hat einen guten Grund, denn wir werden von Kindesbeinen an darauf konditioniert, ihre Entstehung nicht näher zu hinterfragen. Zu unserem eigenen Schutz. Denn stellen Sie sich einmal die Reaktion eines Kindes vor, wenn Sie ihm erzählen, dass das Kalbfleisch, das es gerade isst, vom Kind der Kuh stammt. Eine mittelschwere Traumatisierung wäre wohl die Folge. Dass wir nicht so offen und frei darüber sprechen, was wir essen und wo es herkommt, zeigt doch, dass irgendetwas nicht ganz stimmen kann. Ich möchte das jetzt wertfrei in den Raum stellen.

Obwohl Tiere uns also umgeben, von der Ameise bis zum Vogel, sie omnipräsent in unserem Alltag sind, wissen wir recht wenig über sie und unsere Verbindung zu ihnen. Und noch weniger über jene, die wir für unsere Ernährung nutzen. Ist das nicht traurig? Wir lernen, Computer zu bedienen und Autos zu fahren, wir sind in der Lage, hochkomplexe Vorgänge zu erlernen, und suchen auch im Privaten immer wieder nach neuen Herausforderungen, aber interessieren uns in Wahrheit kaum für das, was auf unserem Teller liegt? Das erscheint mir hochgradig auffällig. Sogenannte Nutztiere sind in ihrer authentischen Form also weitestgehend aus unserer Wahrnehmung verbannt.

Wenn wir den Fernseher einschalten, empfängt uns in der Werbung ein sprechendes Schwein. Es läuft glücklich über saftige grüne Wiesen, bei strahlendem Sonnenschein, echtem Kaiserwetter also. Es begegnet den ebenfalls freilaufenden Hühnern, Kühen und Katzen, erlebt den lieben langen Tag allerlei spannende Abenteuer und lebt im Einklang mit einem Bauern, der offenbar viel Zeit hat, mit dem Schwein über die Welt zu philosophieren. Darüber, warum sein Futter so köstlich schmeckt, wieso es so gesund ist, wieso das Leben so schön ist. Die Dialoge sind nicht unbedingt tiefgehend, müssen sie auch nicht sein, um ein Gefühl zu transportieren, das ungefähr so lautet: Die Welt ist heil, ich bin glücklich, wenn du mich isst, dann geht es uns allen gut.

Es handelt sich hierbei übrigens um einen realen Fernsehspot, gestaltet von einem Oscar-Preisträger, in Österreich seit vielen Jahren der Dauerbrenner unter den Nahrungsmittel-Werbungen. Die kommerzialisierte Weiterführung der Schweinchen-Babe-Erzählung, in der das Ende nie gezeigt wird, sondern das Schwein für immer Ferkel und glücklich sein kann. Viele kennen den Spot, er ist quasi die lila Kuh der Fleischwerbung geworden. Perfektes Marketing, das wohl die Absatzzahlen des Konzerns nach oben schnellen lässt, aber auch dazu beiträgt, dass wir ein Bild von der Erzeugung tierischer Lebensmittel haben, das gar nichts mit der Realität zu tun hat.

Wir haben uns mittlerweile so sehr an diese geschönten Bilder gewöhnt, dass uns die von Tierschützern gezeigten Aufnahmen aus der Realität der Massentierhaltung geradezu unwirklich erscheinen. Die Bilder, die immer wieder durch soziale Netzwerke und seltener durch die Medien geistern, kommen uns wie Horrorfilme vor. Fast zu schrecklich, um wahr zu sein, jedenfalls aber zu furchtbar, um uns intensiver damit zu beschäftigen. Wir verschließen davor die Augen. Die Werbeillusion wird so zur bestimmenden Norm unserer gedanklichen Bilderwelt und nimmt uns damit einen Teil der Möglichkeit, die wahre Entwicklung zu beeinflussen.

Vermutlich lebt unser Freund Bruno, das ehemalige Ferkel, das der Maschinerie der Fleischindustrie entkommen ist, ein artgerechtes Leben. Er kann, mittlerweile gewichtiges Schwein geworden, in der Erde wühlen, sich im Stroh wälzen, seine Zeit mit Artgenossen verbringen. Er sieht den Himmel und spürt die Sonne auf seiner Haut. Er hat etwas, das man als echtes Leben bezeichnen kann. Er wird nie ein Schlachthaus von innen sehen, da sich mein Bekannter entschieden hat, ihm einen Gnadenplatz zu ermöglichen. Man muss nicht unbedingt Vegetarier sein, um Tieren, selbst den sogenannten Nutztieren, ein angst- und schmerzfreies Leben zu wünschen.

Und tatsächlich haben wir uns als Gesellschaft ja verbindlich dazu bekannt. In Österreich steht der Tierschutz sogar im Verfassungsrang. Es gibt also die gesetzlich verankerte Pflicht, sich um das Wohlbefinden von Tieren zu kümmern. Wir haben die Aufgabe, so heißt es da, unsere Mitgeschöpfe vor Schmerz und Angst zu bewahren. So weit der Anspruch, 2005 in Gesetzesform gegossen und 2013 in der österreichischen Bundesverfassung verankert. Auch in Deutschland heißt es im Gesetz, dass »niemand einem Tier ohne vernünftigen Grund Schmerzen, Leiden oder Schäden zufügen« darf. Man nenne mir einen vernünftigen Grund.

Doch wie wir eben gesehen haben, geht es den meisten Schweinen nicht sehr gut. Das Schwein ist in unserer Welt allgegenwärtig und bleibt doch für die meisten ein unbekanntes Wesen. Zig Millionen von ihnen werden jährlich in Deutschland geschlachtet, in der Schweiz deckt Schweinefleisch die Hälfte des Fleisch-Inlandskonsums ab. In Europa werden im Schnitt rund 35 Kilo Schweinefleisch pro Kopf und Jahr konsumiert, in Österreich und Deutschland sogar noch ein bisschen mehr. Damit ist es mit großem Abstand die meistkonsumierte Fleischart und doch wissen wir so gut wie nichts über das Lebewesen im Lebensmittel. Wir haben gelernt, das Tier vom Produkt zu trennen.

Nichts über es zu wissen macht es uns vermutlich leichter. Wer von uns weiß schon, dass Schweine unglaublich kluge und soziale Wesen sind? Ich war mir dessen jedenfalls nicht bewusst, bevor ich begonnen habe, mich damit zu beschäftigen. Das Schwein gehört sogar zu den intelligentesten Säugetieren überhaupt. Hätten Sie gewusst, dass Schweine auch Werkzeuge verwenden können? Eine Fertigkeit, die sie übrigens mit nur wenigen Tierarten wie Delfinen und Schimpansen teilen. Sie können angeblich sogar mehr Kommandos lernen als Hunde und merken sich ihren Namen. Sie sind auch überaus reinlich. Aber all das hilft ihnen leider nicht, sie werden vielfach dennoch wie Dreck behandelt.

Das hat damit zu tun, wie stark wir uns für sie interessieren. Dabei ist es längst nicht nur eine Frage der Ethik, ob wir wissen wollen, wie Schweine leben. Lassen Sie uns dieses Tier jetzt als idealtypisches Beispiel für nachführende Betrachtungen nehmen. Der Unterschied zum Kalb oder Huhn ist hier vernachlässigbar. Neben der Frage des Mitgefühls, also ob wir es akzeptieren und mit unserem Gewissen vereinbaren können, dass ein fühlendes Lebewesen aufgrund des Profitstrebens einiger weniger derart viel Schmerzen und Leid ertragen muss, gibt es auch ganz bedeutsame ökologische Gesichtspunkte, die wir kollektiv weitestgehend verdrängt haben. Aber dazu später mehr.

Wieso wir wissen sollten, was wir essen

Machen wir an dieser Stelle ein kurzes Gedankenexperiment. Stellen Sie sich vor, Sie betreten ein Restaurant. Egal ob in Deutschland oder Österreich. Sie suchen sich einen schönen Platz aus, die Bedienung bringt die Karte. Sie entscheiden sich für ein Fleischgericht. Wissen Sie, woher das Fleisch stammt, das bald vor Ihnen auf dem Teller liegen wird? Nein. In der Regel erfahren Sie es nicht. Sie könnten die Bedienung fragen, aber die wird es meistens auch nicht wissen. Kein Zeichen für schlechten Service, sondern eher für das grundsätzlich intransparente System im Bereich der Lebensmittel. Irgendwann hat es sich eingebürgert, nicht zu hinterfragen. Dabei wäre das wichtig.

Denn bis zu 80 Prozent des in Österreich konsumierten Kalbfleisches stammt aus dem Ausland, zumeist aus Holland. Während heimische Kälber unter elenden Transportbedingungen durch halb Europa gekarrt werden, weil die Mast anderswo billiger ist, wird das Kalbfleisch zum Spottpreis wieder importiert. In Holland werden Kälber übrigens ähnlich wie bei uns die Schweine gehalten, also auf Vollspaltenböden, ohne Tageslicht oder Bewegungsmöglichkeit. Das Ergebnis ist das immer noch fälschlicherweise als »Qualitätskriterium« betrachtete weiße Fleisch, das in Wahrheit ein Warnsignal ist. Fleisch von gesunden Kälbern müsste rosa sein, andernfalls gab es einen eklatanten Eisenmangel aufgrund miserabler Haltung.

In Umfragen gibt eine überwältigende Mehrheit von über 90 Prozent der Bevölkerung an, dass ihr das Wohl der Tiere am Herzen liegen würde. Über 80 Prozent sind der Meinung, der Schutz von landwirtschaftlich genutzten Tieren müsse erhöht werden. Und immerhin über 60 Prozent wären bereit, mehr dafür zu zahlen, wenn sie wüssten, dass es den Tieren dadurch besser ginge. Das sind eindeutige Mehrheiten, dennoch bewegt sich immer noch recht wenig. Mit ein Grund dafür ist, dass wir kaum Einblick haben. Um beim Restaurantbeispiel zu bleiben: Wenn Sie wüssten, dass die Eier im Pfannkuchen oder Kaiserschmarrn aus argentinischer Käfighaltung stammen, würden Sie dann zugreifen?

Wenn auf der Speisekarte stehen müsste, dass das Kalbfleisch aus holländischer oder das Huhn aus ukrainischer Massentierhaltung stammt, würden Sie das Fleisch dann bestellen? Viele würden es wohl nicht. Doch das bestehende System lebt davon, dass wir nicht wissen, woher unser Essen kommt, geschweige denn wie es erzeugt wurde. Denn wenn uns vor Augen geführt würde, unmittelbar bei der Konsumentscheidung auf der Speisekarte, welches Elend mit der Erzeugung der Lebensmittel verbunden war, dann müssten wir uns eine Grundsatzfrage stellen: Bin ich bereit, hier und jetzt diesen Umgang mit fühlenden Wesen mitzutragen?

Und wieder unabhängig von der ethischen Dimension stellt sich die Frage, wieso just bei unserer Ernährung haarsträubende Verschleierungen praktiziert und toleriert werden. Erinnern wir uns da etwa an den Fall eines ukrainischen Konzerns, der massenhaft Hühnerfleisch in die Europäische Union exportiert, weit über die genehmigten Importgrenzen hinaus. Er macht das mit einem simplen Trick: Ein Knochen bleibt am Fleisch, weswegen die Ware als »minderwertig« gegenüber dem puren Brustfleisch deklariert wird und unbeschränkt importiert werden kann. In seinen europäischen

Niederlassungen wird dann der Knochen entfernt und das Fleisch gilt fortan als »EU-Produkt«.

Mit dem Effekt, dass nicht nur die Importbeschränkungen der Europäischen Union umgangen werden, welche die heimische Landwirtschaft mit ihren teils deutlich höheren Umwelt- und Tierschutzstandards schützen sollen, sondern ein zweiter Profitnutzen generiert wird. Das nunmehrige »EU-Huhn« kann zollfrei in Drittländer exportiert werden, da der ukrainische Konzern die EU-Handelsverträge für sich nutzbar machen kann, die einen erleichterten Zugang zu den Märkten anderer Länder vorsehen. Etwa in Afrika. Und so landet dann das ukrainische Huhn, dessen Knochen in der EU entfernt wurde, als EU-Huhn in Afrika und zerstört lokale Märkte. Was für ein völlig legaler Irrsinn.

In Österreich und Deutschland gibt es, im Gegensatz etwa zur Schweiz, keine verpflichtende Transparenz in der Außer-Haus-Verpflegung. Damit sind alle Restaurants, Take-Aways, öffentlichen Küchen oder Betriebskantinen gemeint. Wir erfahren also weder in den Restaurants noch in den Kantinen der Krankenhäuser, der Kindergärten, der Schulen oder der Altenheime, was uns da vorgesetzt wird. Wenn wir aber nicht erfahren, was wir essen, wie sollen wir dann Verantwortung dafür übernehmen, wie es erzeugt wird? Dabei würde Transparenz tatsächlich viel bewirken, auch im öffentlichen Verständnis. Denn sie würde sichtbar machen, wie stark unser Essen mittlerweile globalisiert ist.

In der Schweiz funktioniert das seit vielen Jahren. Seit 1995 gibt es dort ein funktionierendes und recht einfaches System der Deklaration. Bei tierischen Lebensmitteln muss ausgewiesen werden, woher sie stammen. Aber darüber hinaus auch, wenn sie unter Bedingungen produziert wurden, die nicht den Schweizer Standards entsprechen. Das wäre ein guter erster Schritt, wenn wir diese Informationen verbindlich erhalten würden. Wieso wehrt sich die Branchenvertretung so entschieden dagegen, der Bevölkerung diesen

Einblick zu gewähren? Hält sie die Wahrheit für nicht zumutbar? Ich bin da anderer Meinung. Denn die Intransparenz schadet.

Mit weitreichenden, aber weitgehend unbekannten Folgen. Nehmen wir an dieser Stelle wieder eine repräsentative Umfrage zur Hand: Über 80 Prozent der Deutschen und über 90 Prozent der Österreicher möchten keine gentechnisch veränderten Lebensmittel kaufen. Die Kampagnen der NGOs und Umweltmediziner haben gewirkt, wir sind uns der möglichen Gefahren beziehungsweise negativen Folgen der Gentechnik bewusst. Wir konsumieren sie aber dennoch, denn unser vorhin erwähntes Industrieschwein wird in aller Regel mit gentechnisch verändertem Soja gefüttert.

In der Europäischen Union ist der Anbau von gentechnisch manipuliertem Soja zwar verboten, doch es landet trotzdem in unserer Nahrung. Denn Unmengen davon, es sind weit über 35 Millionen Tonnen, werden jährlich in die EU importiert. Auf die Köpfe der EU-Bürger umgelegt sind das 68 Kilogramm pro Person. Pro Jahr. Deutschland verwendet davon etwa vier bis fünf Millionen Tonnen, Österreich liegt bei rund 500.000 Tonnen. Dieses Soja wird übrigens nicht für die Puddings oder Ersatzmilchdrinks der Veganer verwendet. Es landet in den Trögen der Tiere. In Deutschland fressen es sowohl die Kühe als auch die Schweine, in Österreich nur die Schweine. In Milch, Käse, Fleisch und Wurst steckt also Gen-Soja.

Woher stammt dieses Soja? Vorwiegend aus Nord- und Südamerika. Die Genmanipulation bringt erhebliche wirtschaftliche Vorteile in der Unkrautbekämpfung. Doch der massenhafte Herbizid-Einsatz wirkt sich vor allem im Regenwald fatal auf die Artenvielfalt und das gesamte Ökosystem aus. Doch nicht nur das zerstört die grüne Lunge der Erde, sondern auch die Brandrodungen, die zur Erschließung von billigem Weideland und Anbauflächen für Soja systematisch vorgenommen und von der aktuellen Regierung weitestgehend geduldet werden. Die Regenwaldbrände, die immer wieder unsere Medien füllen, sind also unmittelbar mit unserer Ernährung verbunden. Aber nicht nur die.

Die Art und Weise, wie der Großteil unserer Lebensmittel derzeit erzeugt wird, hat große Auswirkungen auf die Natur und auf das Klima. Darauf gehen wir später gesondert und ausführlicher ein. Ich möchte an dieser Stelle aber einen Moment innehalten und ein Bewusstsein dafür schaffen, wie weitreichend die persönlichen Konsumentscheidungen sind. Egal, ob das nun das Leid und Elend der Tiere, die Verschmutzung der Natur oder die globale Reichtumsverteilung betrifft, Mensch, Tier und Umwelt sind kommunizierende Gefäße. Und unserer Ernährung, also etwas, das uns zumindest zwei- bis dreimal am Tag beschäftigt, kommt eine Schlüsselrolle dabei zu. Das sollten wir im Kopf behalten.

Wer zahlt die Rechnung?

Haben Sie sich beim Lesen der Seiten jetzt schon selbst im Geiste sagen hören: »Ja, aber wer soll das zahlen?« Das ist eine berechtigte und gute Frage. Und es ist wichtig, dass wir uns ihr frühzeitig widmen. Denn ich würde zwar auch liebend gerne eine reine Utopie formulieren, quasi eine Gute-Nacht-Lektüre zur Selbstberuhigung, in der ich dann von der idealen Welt schreibe und was wir alles machen müssen, damit wir sie erreichen. Dieses Buch soll zwar Elemente davon enthalten, denn ein bisschen Frohmut und Optimismus können nicht schaden. Und ich bin schon immer der Meinung gewesen, dass du dich zuerst trauen musst, von Dingen zu träumen, bevor du sie Realität werden lassen kannst.

Aber wir leben leider in keiner idealen Welt. Und niemand wird das Problem für uns lösen, selbst wenn wir es perfekt analysieren. Das müssen wir schon selbst machen. Als Einzelne und in der Gemeinschaft. Und der erste Schritt zur Lösung eines Problems ist bekanntlich die Erkenntnis, dass es eines gibt. In diesem Fall bedarf es aber zusätzlich der Anerkennung, dass wir selbst Teil des Problems sind. Und erschwerend kommt hinzu: Solange wir uns nicht als Teil der Lösung verstehen, wird es auch keine geben. Das soll uns nun nicht entmutigen, sondern vielmehr dazu anspornen, genau hinzusehen, uns selbst zu hinterfragen und dann gemeinsam aktiv zu werden. Das ist das Ziel dieses Buches.

Wer soll das nun alles zahlen? Bevor wir uns der Beantwortung dieser Frage widmen, müssen wir zunächst eine andere stellen, nämlich: Was kostet das alles schon? Eine beliebte Falle bei Veränderungsprozessen, die viel Energie und Motivation raubt, ist zu verkennen, dass der Status quo ja auch teuer ist. Meistens sogar viel, viel teurer als der Veränderungsprozess oder gar der angestrebte Optimalzustand. Auch die Gegner von Veränderungen nutzen die Kostenfrage gerne als Killer-Argument. Das erleben wir auch, wenn es sich um nötige Veränderungen bei unserer Ernährung, in der Landwirtschaft und dem Umgang mit Natur, Klima und Tieren dreht. Weil es hier um richtig viel Geld geht.

Die schlechte Nachricht, die zugleich auch eine gute ist: Wir zahlen das alles schon. Wir, also die BürgerInnen, begleichen die wahren Kosten des bestehenden Systems. Den Großteil davon aber nicht an der Kassa, sondern über unsere Steuern. Und über den Verlust von Lebensqualität. Den eigenen, vor allem aber den unserer Kinder und Enkelkinder. Das ist insofern gut, als dass wir dadurch schon den Hebel der Veränderung in der Hand hätten. Wir haben ihn nur in die Hände unserer demokratisch legitimierten Repräsentanten gelegt, der Politik also. Und die wiederum kommt ihrer Verantwortung nur mangelhaft nach, zumal sie sich auch stark nach den Interessen der Konzerne richtet.

Von ihnen stammt übrigens auch die Mär, dass der Konsument die Allmacht hat, mit seinem Konsumverhalten die Welt zu retten. Das ist eine unsinnige und unzutreffende Vereinfachung. Denn ja, natürlich können wir durch bewussten Konsum etwas beeinflussen, etwa unsere Gesundheit. Und ja, wir können an der Kassa zeigen, dass uns Produkt A oder Produkt B besser gefällt. Aber wir können eben nur auswählen, was uns andere zuvor ins Regal stellen. Erzeugt unter Bedingungen, von denen wir, wenn überhaupt, viel zu wenig erfahren. Denn die Schweine leben nicht auf der Wiese, wo wir sie besuchen können. Sie leben in unzugänglichen, uneinsehbaren Mastanlagen.

Das fertige Produkt, das wir im Supermarkt erwerben können, hat relativ wenig mit dem ursprünglichen Rohstoff zu tun. Das ist etwa bei Milch oder Joghurt gut erkennbar. Das, was aus dem Euter kommt, ist Lichtjahre von dem entfernt, was schlussendlich in der Packung steckt. Noch schlimmer ist es bei Schwein und so mancher Discount-Wurst. Niemand will wirklich wissen, was da alles drinsteckt. Die weite Entfernung der ursprünglichen Rohstoffe vom endgültigen Produkt hat Gründe der Lebensmittelsicherheit, der Haltbarkeit, der Transport- und Lagerungsfähigkeit. Aber eben auch Gründe der Profitmaximierung. Die Qualität steht jedenfalls oftmals nicht im Zentrum.

Die Vorstellung – es gleicht manchmal nahezu einem Glauben –, dass wir uns die Welt schönkaufen könnten, ist bei vielen Menschen tief verankert. Das ist vor allem eine für Konzerne extrem lukrative Sache. Der Haken ist nur: Sie stimmt nicht. Aus unterschiedlichsten Gründen. Der wichtigste ist, dass das Angebot in Wahrheit nicht primär von der Nachfrage bestimmt wird. Das Angebot wird von der Produktionsweise bestimmt und die gängige Produktionsweise ist von der Profitmaximierung bestimmt. Verkauft wird also, was maximalen Profit bringt. Hergestellt auf eine

Weise, die den maximalen Profit bringt, koste es die anderen, was auch immer es wolle.

Und das führt dazu, dass nicht das Wohl der Tiere oder der Schutz von Umwelt und Klima im Vordergrund stehen, sondern eben die betriebliche Verwertbarkeit dieser »Ressourcen«. Wenn wir eine Vollkosten-Rechnung machen würden, wenn wir also auch das Leid der Tiere, die Schäden an Umwelt und Klima und daraus resultierende Folgekosten für nachfolgende Generationen einpreisen würden, wäre das obszön billige Kotelett aus der Rabatt-Aktion geradezu unbezahlbar. Und das ist es eben auch, die Rechnung zahlt nur jemand anderer. Wir alle. Es ist daher nicht mehr nur eine Frage der Ethik, Gesundheit und Ökologie, wie Lebensmittel erzeugt werden, sondern auch längst eine des Gemeinwohls.

Und so sollte sie auch behandelt werden. Daraus ließe sich einiges ableiten. Etwa die Frage der öffentlichen Beschaffung, also der staatlich finanzierte Einkauf von Lebensmitteln in Krankenhäusern, Kindergärten, Schulen oder Altenheimen. Dieser erfolgt nämlich nicht nach Gesichtspunkten des Schutzes von Tieren, Umwelt und heimischer Landwirtschaft, sondern immer noch viel zu oft nach dem Billigstprinzip. Und das führt dazu, dass just jene, welche die besten Lebensmittel bräuchten, die im Wachstum befindlichen Kinder oder die rekonvaleszenten Kranken, sehr oft die schlechtesten bekommen. Hergestellt unter Bedingungen, die bei uns längst verboten sind. Weil die billige Import-Ware eingekauft wird.

Dazu ein Beispiel, das hier gut passt, weil es so eindrücklich ist. In Österreich wurde seitens der Regierung bereits vor einigen Jahren ein Aktionsplan für öffentliche Stellen entwickelt, der dazu beitragen soll, dass der Einkauf mit Steuergeld nach Kriterien der Nachhaltigkeit erfolgt, also sozial, ökologisch und ökonomisch. Lebensmittel sollten dadurch bevorzugt regional, mit kurzen Transportwegen, und nach Möglichkeit auch saisonal eingekauft werden. Damit sollen die Natur geschont und die heimische Landwirtschaft gefördert werden. Klingt gut? Ist es grundsätzlich auch, aber wie eine Evaluation nach einigen Jahren zeigte, ist das derzeit leider noch mehr Theorie als gelebte Praxis.

Denn kaum mehr als ein Viertel der für die Beschaffung verantwortlichen Personen kannte den Aktionsplan der Regierung überhaupt – geschweige denn hielt man sich an dessen Vorgaben. Das führte dazu, dass in den Großküchen der öffentlichen Stellen nach wie vor Lebensmittel landen, deren Erzeugung in Österreich bereits verboten ist. Ja, Sie haben richtig gelesen. Lebensmittel, die in Österreich auf diese Weise gar nicht produziert werden dürfen, werden mit österreichischem Steuergeld eingekauft und in öffentlichen Küchen ausgegeben. Käfigeier etwa. Die Haltung von Hühnern in Käfigen ist glücklicherweise in Österreich verboten. Käfigeier landen dennoch massenhaft auf den Tellern.

Und so wird also sehr viel Steuergeld in die Förderung der heimischen Landwirtschaft investiert; wir werden später noch genauer sehen, wie viel und wofür. Und gleichzeitig wird unser Steuergeld verwendet, um der heimischen Landwirtschaft indirekt zu schaden, indem Lebensmittel eingekauft und damit Produktionsweisen gefördert werden, die wir eigentlich als nicht förderbar eingestuft haben. Es ist diese Form der gelebten Paradoxie und letztlich politischen Scheinheiligkeit, die ein System hervorgebracht hat, das nunmehr auf die verschleierte Profitmaximierung über Umwege ausgerichtet ist. Profit für einige wenige, der mit viel Steuergeld von vielen erkauft wird.

Die Folgen und ihr hoher Preis

Das Problem ist nicht die Ignoranz der Verantwortlichen, sondern der Preisdruck. In den Küchen gibt es strikte budgetäre Vorgaben, nach denen sich die Einkäufer zu richten haben. Ein großes Krankenhaus muss etwa mit 3,50 Euro pro Tag und Patient auskommen. Wie soll sich das ausgehen, wenn man gleichzeitig eine gewisse Vielfalt auf der Speisekarte bieten möchte? Die Qualität leidet darunter. Das bedeutet, dass die Eier aus Käfighaltung stammen, dass das Fleisch importiert wird, dass auch Lebensmittel, die im eigenen Land zur Genüge hergestellt werden, aus dem Ausland herbeigeschafft werden, schlicht weil es billiger ist. Gerade im öffentlichen Bereich müsste der Staat doch entgegenwirken.

Die Aufgabe des Staates müsste darin bestehen, jene Wirtschaftsprozesse zu fördern, welche Menschen, Tieren und Umwelt zuträglich sind, und im Umkehrschluss jene zu sanktionieren oder zumindest nicht zu fördern, welche ihnen schaden. Es würden ihm einige Instrumente zur Verfügung stehen, um einerseits das individuelle Konsumverhalten der Bevölkerung zu beeinflussen und andererseits die Produktionsbedingungen. Denn ich bin nicht der Meinung, dass der »freie Markt« alles regeln dürfen soll. Das Wohl von Lebewesen sollte außer Diskussion gestellt werden. In vielen Bereichen haben wir zu Recht Verbote erlassen, denken wir nur etwa an Waffen oder Drogen, um die Gemeinschaft zu schützen.

Ein Erzählstrang der Mär von der Allmacht der Konsumenten lautet wie erwähnt, dass die Nachfrage das Angebot bestimmt – wenn wir also alle Bio-Produkte kaufen würden, gäbe es bald keine konventionelle Produktion mehr. Zunächst haben wir im derzeitigen Wirtschaftssystem das Problem, dass die umwelt-, tier- und klimafreundliche Erzeugung teurer ist, die Produkte daher ebenso. Denn die Futtermittel sind teurer, die Produktionszyklen länger, die Kontrolldichte höher und so weiter. Das Gute zu tun wird nicht gefördert, im Gegenteil, die Bio-Bauern sehen sich mit wesentlich höheren Auflagen konfrontiert als in der konventionellen Herstellung. Eigentlich unsinnig.

Wir müssten dafür sorgen, dass die tier- und klimafreundliche Produktionsweise diejenige ist, die den meisten Ertrag für die Landwirte bringt und eine existenzsichernde Perspektive bietet. Dazu müssten wir aber die Kontroll- und Prüfkosten staatlich fördern und nicht den Landwirten aufbürden, die sich bereit erklärt haben, mehr zu leisten, als das gesetzliche Minimum vorschreibt. Im Schnitt nur alle 50 Jahre wird ein konventioneller landwirtschaftlicher Betrieb in Österreich kontrolliert. Es werden also jene genauer unter die Lupe genommen, die besonders tier- und klimafreundlich produzieren, nicht jene, die nur das machen, was sie unbedingt machen müssen. Absurd.

Der Preis eines Produkts hängt nicht nur von der Nachfrage ab, sondern auch von der Subventionierung und Besteuerung. Ein Beispiel dafür sind tierische Milch und ihre pflanzlichen Alternativen. Während etwa Kuhmilch mit zehn Prozent Umsatzsteuer belegt wird, kommen auf Soja-, Reis- oder Mandelmilch 20 Prozent. Weil das eine steuerlich als Lebensmittel, das andere hingegen als Getränk eingestuft wird. Schätzungsweise ein Viertel der Bevölkerung, das sind in Österreich bis zu zwei Millionen und in Deutschland bis zu 20 Millionen Menschen, vertragen mittlerweile keine Milch mehr. Und Unverträglichkeiten sind im Steigen begriffen. Diese Menschen werden im Grunde steuerlich benachteiligt.

Gerade die Herstellung von Lebensmitteln ist hochgradig von Fördergeldern abhängig. Die Landwirtschaft stellt den größten Posten des EU-Budgets, über 60 Milliarden Euro werden jährlich hierfür an Steuergeld verwendet. Über sechs Milliarden davon fließen in die deutsche Landwirtschaft, über 1,5 Milliarden in die österreichische. Österreich profitiert überproportional vom EU-Haushalt und ist entsprechend abhängig. Der Großteil des Steuergelds ist aber nicht an Umwelt-, Klima- oder Tierwohlkriterien gekoppelt, sondern wird nach Betriebsgröße vergeben. Je größer ein

Betrieb, umso mehr Fördergelder. Das führt dazu, dass das Kleinbauernsterben voranschreitet. Aber dazu später mehr.

Wenn also Steuergeld in großem Maße in die Intensivtierhaltung fließt, wenn Agrarkonzerne und großbäuerliche Strukturen überproportional stark von Fördergeldern profitieren, dann brauchen wir uns nicht wundern, dass diese Herstellungsweise bei uns dominiert. Wir brauchen uns nicht wundern, dass die »schädlichsten« Lebensmittel für Konsumenten am günstigsten und gleichzeitig für Produzenten aufgrund der Mengeneffekte am profitabelsten sind. Und wir brauchen uns nicht zu wundern, dass daher Rabattschlachten auf der Tagesordnung stehen und die Wertigkeit von Lebensmitteln komplett untergraben wird. Dass so viel dann unverbraucht im Müll landet, ist ein zusätzlicher Negativeffekt.

Es ist also mehr als zynisch und letztlich auch nicht zielführend, die Schuld beim Konsumenten zu suchen oder ihm die alleinige Verantwortung für die Lösung der Probleme zu übertragen. Wie wir gesehen haben, befördert das System per se nicht das Tierwohl, den Naturschutz oder die gesunde Ernährung, sondern den Profit der Konzerne. Nicht nur zulasten des Gemeinwohls, sondern auch der Steuerzahler. Und eine weitere Personengruppe, die in diesem Zusammenhang oft als Gegenspieler der Konsumenten verstanden wird, zahlt drauf: Die heimischen kleinbäuerlichen Betriebe, oft seit Langem in Familienhand, sind in der Defensive. Ihr Widerstand wird immer lauter.

Auch diesem Phänomen, dem Bauernsterben, und was wir damit zu tun haben, werden wir uns in diesem Buch an späterer Stelle noch ausgiebiger widmen. Aber es ist hier und jetzt wichtig, den Konnex zur Preisfrage herzustellen. Denn von dem, was wir als Konsumenten zahlen, kommt nur sehr wenig bei den Produzenten an. Die Bauern erhalten für ihre Arbeit einen Hungerlohn, müssen aber gleichzeitig immer höhere Auflagen erfüllen. Das ist kein Plädoyer für niedrigere Standards, ganz im Gegenteil. Ich bin der Meinung, dass diese nie hoch genug sein können, schließlich geht es hier um das Wohl von Lebewesen und unseres Ökosystems. Es ist vielmehr ein Plädoyer für mehr Ehrlichkeit in der Debatte.

Wenn wir also einerseits feststellen, dass die Art und Weise, wie Lebensmittel derzeit vorwiegend hergestellt werden, dazu führt, dass diese teils extrem günstig im Regal landen, die Bauern aber kaum etwas davon haben und die wahren Kosten erschreckend hoch sind – dann fragt man sich doch, wer davon profitiert. Denn wer den Preis zahlt, das haben wir bereits beantwortet. Die Allgemeinheit, wir alle also. Doch wem nützt es, dass Tiere leiden, Böden verseucht und Gewässer verschmutzt werden und die Luft verpestet wird? Dazu müssen wir nur einen Blick auf die Wertschöpfungskette werfen und erkennen, dass die großen Gewinne einzig in der verarbeitenden Industrie und im Handel entstehen.

Es ist traurige Realität, dass es derzeit am meisten Profit bringt und zudem völlig legal ist, wenn man Tiere und Natur miserabel behandelt und damit zusätzlich Raubbau an der Zukunft unserer Nachkommen betreibt. Unser System lädt geradezu dazu ein, die ökologischen Folgen zu ignorieren. Und auch wenn immer mehr Menschen intuitiv spüren, dass das nicht mehr lange so weitergehen kann, werden doch wichtige Betrachtungsweisen bislang immer noch isoliert voneinander gesehen. Hier der Tierschutz, dort der Artenschutz. Hier der Klimaschutz, da der Schutz der Interessen der Landwirte und der Konsumentenschutz. Als wären das widersprüchliche Konzepte.

Die Wahrheit ist vielmehr, dass alles einander bedingt und miteinander eng verbunden ist. Die Bienen zu schützen heißt, die kleinbäuerliche heimische Landwirtschaft zu schützen. Aufs Tierwohl zu achten ist gut fürs Klima. Die Interessen der Konsumenten zu vertreten heißt auch, das öffentliche Budget zu schonen. Es wird Zeit, dass wir diese Perspektiven zusammenführen und erkennen, wieso wir am Ende alle den hohen Preis für die Folgekosten zahlen werden müssen, wenn wir jetzt nicht handeln. Je mehr wir uns spalten lassen, je mehr wir es uns in unseren Neigungsgruppen bequem machen, umso härter wird es uns treffen. Die Anzeichen sind bereits sicht- und spürbar.

Ein Kreislauf der Zerstörung

Wann immer ich kann, das ist ehrlich gestanden leider viel weniger oft, als ich gerne würde, verbringe ich Zeit in der Natur. Und es fühlt sich jedes Mal wieder ein wenig seltsam an, dass ich ihr quasi einen »Besuch« abstatte. In diesen Momenten, bei den spärlichen Waldspaziergängen am Rande der Großstadt oder wenn ich die Freude habe, meine Familie auf dem Land besuchen zu können, dann komme ich mir wie ein Fremder vor. Und das bin ich wohl am Ende auch. Die Natur ist mir über die Jahre fremd geworden, weil ich mitten in der Stadt wohne. Und ich meine damit nicht die gepflegten Parkanlagen oder arrangierten Baumreihen zur Behübschung der Flaniermeilen.

Ich meine die geruhsam vor sich hin plätschernden Bäche und die dichten Wälder, in denen einem allerlei Tiere begegnen, wenn man sich nur lange genug darin aufhält. Die Wiesen, voll mit den unterschiedlichsten Blumen und Sträuchern, in allen erdenklichen Farben. Diese Orte, die mir inzwischen so fremd und doch innerlich noch so nah sind, haben einen besonderen Effekt der Entschleunigung. Es liegt eine Kraft darin, einfach dem Wind zu lauschen, der Geschwindigkeit der Natur zu folgen. Gerade heutzutage ist das ein beeindruckendes Kontrastprogramm zur schrillen und grellen digitalen Parallelwelt, die wir Menschen geschaffen haben und in der wir immer mehr Zeit verbringen.

Die schönsten diesbezüglichen Erfahrungen habe ich auf ausgedehnten Wanderungen gemacht, bei denen man nicht nur die Geschwindigkeit der Natur erleben kann, sondern auch die eigene. Diese Momente der natürlichen Rückkoppelung fehlen vielen von uns. Und das ist schade, denn sie haben eine heilsame Wirkung. Und eine verbindende. Jedes Mal, wenn ich im Wald spazieren gehe, bestaune ich die großen Bäume, die dort seit vielen Jahrzehnten, teils sogar seit Jahrhunderten stehen. Sie haben alles überdauert und die ganze Zeit einen bedeutsamen Teil zu unserer Existenz beigetragen, ohne dass wir dem auch nur einen Augenblick der Aufmerksamkeit widmen. Diese stille Präsenz macht mich demütig.

Ich bin noch ohne Internet und Smartphone aufgewachsen, sogar über viele Jahre ohne Fernseher. Ich habe in meiner Kindheit viel Zeit bei meiner Großmutter auf dem Land verbringen dürfen. Am liebsten habe ich dort im »Dreck« gespielt, habe also ihren Garten umgegraben, die Bäume erklommen oder bin im Wald herumgetollt. Sie hatte selbst ein paar Hühner, Katzen gab es sowieso, irgendein Hund aus der Nachbarschaft hat sich meistens auch bei uns herumgetrieben. Und ich habe mich viel mit den Insekten beschäftigt. Vielleicht ist das so ein typisches Buben-Ding, aber es bereitete mir unglaubliche Freude, die unterschiedlichen Käfer zu studieren oder die Ameisen bei ihrem Tagwerk zu beobachten.

Es ist natürlich ein großer Unterschied, ob man auf dem Land aufwächst oder in der Stadt. Aber ich habe doch jedes Wochenende und den Großteil meiner Ferienzeit auf dem Land verbracht und das prägt. Vielleicht hat mich das auch früh für den Wert des Lebens sensibilisiert, denn man ist in der Natur unmittelbar mit ihrer wunderbaren Vielfältigkeit konfrontiert. Alles hat einen Sinn und Platz, die unterschiedlichen Organismen greifen harmonisch ineinander und brauchen einander auch gegenseitig, um zu existieren. Und wenn man sich vor Augen hält, dass sich in einem einzigen Kubikmeter Erde mehr Lebewesen tummeln als Menschen auf der ganzen Welt, dann wird man erst recht demütig. Ich bin es jedenfalls.

Wenn ich heute mit meinem kleinen Buben durch Wald und Wiesen spaziere, dann fällt mir auf, dass es stiller geworden ist. Ich neige nicht unbedingt zur Romantisierung der Vergangenheit, aber mir kommt es vor, dass die Natur leiser, das Summen und Zwitschern und Zirpen weniger wird. Schmetterlinge und Vögel begegnen einem nicht mehr so oft. Ich habe das ein paar Jahre lang mit Verwunderung zur Kenntnis genommen, dachte dabei zunächst an kindliche Verklärung, also an das Rückbesinnen an eine Zeit, die man so gar nie erlebt hat, die einem nur in der Erinnerung so vorkommt. Diesen Faktor sollte man einberechnen, wenn man historische Vergleiche zieht.

Aber dann bin ich auf das »Windschutzscheiben-Phänomen« gestoßen. Durch eigene Erfahrung, aber noch viel mehr im Gespräch mit anderen. Damit wird landläufig der Umstand beschrieben, dass bei einer Überlandfahrt heute deutlich weniger Insekten auf der Windschutzscheibe eines Autos kleben als früher. Ich kann mich noch erinnern, wie die Scheibe unseres Familienautos ausgesehen hat, wenn wir zu meiner Großmutter gefahren sind. Heute führen selbst lange Fahrten nicht mehr zu verklebten Scheiben, das hat natürlich viele Gründe, auch die veränderte Bauweise der Autos und der Einsatz anderer Materialien. Aber das ist trotzdem kein Grund zur Freude. Denn die Abwesenheit der Insekten ist keine Einbildung. Und sie ist brandgefährlich für unser gesamtes Ökosystem.

Ich möchte mich im nächsten Kapitel gleich intensiver damit beschäftigen, aber zuvor sollten wir an dieser Stelle einen Moment pausieren. Denn bevor wir uns den Zahlen und Fakten zum Artensterben widmen, möchte ich noch einmal unterstreichen, für wie wichtig ich die Frage von Nähe und Distanz zur Natur halte. Denn die zunehmende örtliche Entfernung und darauffolgende Entfremdung des Menschen zur Tier- und Pflanzenwelt halte ich für die Grundlage ganz vieler Probleme. Wenn wir keinen echten Bezug mehr zu den Tieren haben, wenn wir daher die natürlichen Prozesse nicht mehr richtig nachvollziehen können, wie sollen wir dann Verantwortung für ihren Schutz übernehmen?

Die Natur, das ist ja nicht ein abgeschotteter Ort, der mit uns nichts zu tun hat. Auch wenn wir ihn so behandeln. Es ist der Lebensraum, der nicht von uns gestaltet werden sollte, den wir aber andauernd beeinträchtigen. Die Natur, das sind wir letztlich alle. Unter dem Beton liegt Erde, auch darin steckt Leben. Mit jeder versiegelten Fläche geht etwas verloren, auch für uns selbst. Die aufgeheizten Städte, die mit dem Klimawandel selbst in unseren Breitengraden zu regelrechten Backöfen werden können, sind Eingriffe in das Ökosystem. Wir verändern den Planeten die ganze Zeit. Aber wir machen das, so ist zumindest mein Eindruck, ohne die nötigen Zusammenhänge und Auswirkungen unseres Handelns hinreichend zu hinterfragen.

Es gleicht streckenweise fast einem kollektiven Blindflug, wie wir in die Natur eingreifen, um noch mehr Profit zu generieren. Dazu muss man nicht ins Niger-Delta schauen und die Ölkatastrophen beklagen, es reicht ein Blick vor unsere eigene Haustür, wo immer größere Flächen für Flughafen-Ausbauprojekte verbaut werden, wo Autobahnen und Industriezonen den Lebensraum von Wildtieren einschränken. Wo Lebewesen massenhaft ausgebeutet und tonnenweise Pestizide und Chemikalien eingesetzt werden, um in noch kürzerer Zeit noch mehr Ertrag hervorzubringen. Ich bin kein Fortschrittsgegner, aber diese Entwicklung gefällt mir nicht. Sie macht mir große Sorgen.

Ich kann mir manches davon anhand meiner eigenen Lebenswelt erklären. Wenn ich etwa mein Smartphone betrachte, dann sehe ich eine unglaubliche Ansammlung von Rohstoffen, die aus allen Teilen der Welt zusammengetragen wurden. Und selbst wenn ich dafür einen hohen Preis an den multinationalen Konzern zahle, der mir dieses Smartphone verkauft, so spiegelt dieser nicht ansatzweise die Kosten wider, die die Herstellung verursacht hat. Ganz abgesehen davon, dass das allermeiste des Geldes in Steueroasen landet und nicht bei den wahren Produzenten, also den Minen- oder Fabrikarbeitern und ihren Familien, ankommt, die dieses Produkt erzeugen.

Durch die intensive Arbeit der NGOs ist uns die Gefährdung von Walen, Koalas und Orang-Utans bewusst geworden. Das ist das Ergebnis jahrzehntelanger Aufklärungskampagnen und das ist gut so. Aber den allerwenigsten ist klar, wie bedeutsam die kleinsten Organismen für uns sind. Wie stark wir miteinander verbunden und aufeinander angewiesen sind. Ich traue mich zu prognostizieren, dass die Frage des Erhalts der Artenvielfalt in den kommenden Jahren zu einer der großen Herausforderungen der Menschheit wird. Sie ist untrennbar mit den negativen Auswirkungen des Klimawandels verbunden, nicht umsonst spricht man hier von den »Zwillingskrisen«. Aber auch dazu später mehr.

Ausgeflattert? Die Artenvielfalt schwindet

Widmen wir uns nun zunächst den Insekten. Damit betreten wir eine wahrlich faszinierende, aber vielen gänzlich unbekannte Welt. Insekten leben nicht unter uns, wir leben in Wahrheit unter ihnen. Auf jeden einzelnen Menschen kommen schätzungsweise über 1,4 Milliarden Insekten. Diese Dimension kann man sich kaum noch vorstellen. Wir wissen nicht, wie viele Insektenarten unsere Erde genau bevölkern, man geht von weit über fünf Millionen aus. In Deutschland sind rund 33.000 dokumentiert, in Österreich über 50.000. Wir kennen unter anderem Bienen, Schmetterlinge, Ameisen und Fliegen, Libellen oder Käfer. Aber da gibt es noch viel, viel mehr, denn über 70 Prozent aller Tierarten sind Insekten.

Keine Sorge, wir verlieren uns jetzt nicht in Details. Aber Insekten sind von so herausragender Bedeutung für unser Ökosystem und gleichzeitig so erschreckend wenig beleuchtet, dass wir sie uns näher anschauen müssen. Denn kaum etwas ist für die eigene Entscheidungsfindung und öffentliche Diskurse so schädlich wie »gefährliches Halbwissen«, also die Vermischung von Fakten und Fiktion, die dazu führt, dass wir zwar meinen, überall mitreden zu können, in Wahrheit aber erschreckend schlecht informiert sind. Bevor Sie sich jetzt entrüstet abwenden: Das geht uns allen so. Und es ist auch nicht wirklich unsere Schuld, denn die Flut an Informationen kann kaum noch bewältigt werden.

Umso bedeutsamer ist, dass wir erkennen, was davon relevant ist. Die Kenntnis über den Zustand der Insektenwelt ist wichtig für uns, schließlich hängt das Wohl der Menschheit unmittelbar daran. Klingt dramatisch? Ist es auch. Denn Insekten erbringen unglaubliche Leistungen für uns Menschen. Sie bestäuben über 70 Prozent der wichtigsten Kulturpflanzen, man schätzt den ökonomischen Wert ihrer landwirtschaftlichen Arbeit auf über 500 Milliarden Dollar pro Jahr. Sie bauen abgestorbene Tiere und Pflanzen ab und verbessern die Bodenqualität. Und sie werden im Kampf gegen sogenannte Schädlinge eingesetzt, wirken dann als »Nützlinge«: Marienkäfer zum Beispiel, die Blattläuse fressen. Nicht zuletzt dienen Insekten als Nahrungsquelle, zu einem noch geringen Ausmaß für uns Menschen, aber etwa für Vögel. Insekten sind also wichtig. Und hochgefährdet.

Die Studienlage zur globalen Entwicklung der Insekten ist noch dürftig, verbessert sich aber stetig. Seit 2018 wissen wir etwa, dass rund ein Drittel aller Insektenarten vom Aussterben bedroht ist. Jährlich sollen 2,5 Prozent der globalen Insekten-Biomasse verloren gehen. Die Hauptursachen dafür, da ist sich die Wissenschaft einig, sind der Verlust natürlicher Lebensräume und die fortschreitende Verschmutzung der Umwelt, die Versiegelung von Böden durch Verbauung, die intensive Landwirtschaft, Entwaldung und Trockenlegung von Flächen, Pestizide und Kunstdünger. All das vernichtet Schritt für Schritt die Insektenvielfalt.

In Deutschland sind bei Ameisen, Schmetterlingen und Bienen teils dramatische Rückgänge dokumentiert, über 70 Prozent aller Insektenarten sollen von Verlusten betroffen sein. Seit über 40 Jahren werden die »Roten Listen« herausgegeben, auch sie zeichnen ein deutliches Bild von Artenverlusten. Wir sind also längst nicht mehr auf Spekulation oder ein Bauchgefühl angewiesen, sondern haben es immer besser schwarz auf weiß dokumentiert, dass die Natur massiv unter der Art und Weise, wie wir mit ihr umgehen, leidet. Die Insekten sind ein sichtbares Symptom eines Wandels, der menschgemacht ist, unter dem aber nicht nur wir Menschen leiden werden.

Oder sehen wir uns die Vögel an, von denen viele auf Insekten als Nahrungsquelle angewiesen sind. Schätzungsweise 11.000 Vogelarten gibt es auf unserem Planeten derzeit. Hunderte von ihnen sind vom Aussterben bedroht oder in ihrer Population stark gefährdet, Tendenz stark steigend. Bis zu 1.000-mal schneller verschwinden Tierarten heutzutage, verglichen mit der vormenschlichen Zeit. Damit geht ein unglaublicher Naturschatz verloren, ein Bestandteil unseres vielfältigen Ökosystems. Sie alle haben eine wichtige Funktion darin, auch wenn wir sie noch nicht ganz verstehen. Wenn Wissenschaftler nun also vor einem »globalen Massensterben der Arten« warnen, dann müssen wir hellhörig werden.

Ein Bericht der Europäischen Umweltagentur, Stand Anfang 2020, zeichnet ein düsteres Gesamtbild. Über ein Drittel der heimischen Pflanzen- und Tierarten ist demnach in seinem Bestand bedroht, in Österreich stehen gar 60 Prozent der Amphibien und Reptilien auf der Roten Liste. Mehr als die Hälfte der Wald-Biotope und sogar über 90 Prozent der Grünland-Biotope werden als gefährdet eingestuft. Dieser Verlust der Artenvielfalt und natürlicher Lebensräume schwächt das Ökosystem in seiner Gesamtheit. Die bestehenden Maßnahmen auf nationaler wie europäischer Ebene zu seinem Schutz greifen nicht oder sind nicht ansatzweise ausreichend, um die vielen negativen Einflüsse zu kompensieren.

Wir brauchen uns dabei keiner Horrorszenarien zu bedienen, die viel zu oft einen lähmenden Effekt haben oder zu Verdrängung führen. Denn wenn der Untergang sicher scheint, was soll man dann noch machen? Das ist Unsinn, wir können zu jedem Zeitpunkt eine Veränderung bewirken. Aber wir werden mit Sicherheit noch größeren negativen Veränderungen unterworfen sein, wenn wir nicht handeln.

Abgesehen davon, dass selbst den schlimmsten Prognosen folgend nicht alle Insekten aussterben werden, würden wir selbst dann nicht verhungern. Wir hätten aber deutliche Einschränkungen hinzunehmen, etwa beim Angebot von Obst und Gemüse. Denn manches kann man nicht mit Maschinen oder im Labor herstellen. Und die Zukunft sollte nicht in der Zuführung von Nahrungsergänzungsmitteln in Tablettenform liegen, sondern in einer ausgewogenen und möglichst vitamin- und nährstoffreichen Ernährung. Zumindest ist das meine Wunschvorstellung. Die wird durch intakte Ökosysteme gesichert und dafür brauchen wir eben die Insekten, in all ihrer Vielfältigkeit, so unbekannt sie uns sein mag.

Wenn wir sie erhalten wollen, dann müssen wir jetzt aktiv werden. Manches können wir beeinflussen, anderes folgt auch bei uns gültigen globalen »Megatrends«, die nur schwer umzukehren sein werden. Etwa die Landflucht, also der Bevölkerungsabfluss von ländlichen Regionen hin zu urbanen Räumen, den immer größer werdenden Städten, wird sich in den nächsten Jahren fortsetzen. Damit verbunden ist eine weitere Verbauung. Auch wenn innovative städteplanerische Konzepte versuchen, gezielt die Natur in der Stadt zu fördern, können sie niemals das zurückholen, was sie zunächst zerstört haben. Aber sie können zumindest abmildern, etwa durch Begrünung und Urban Farming.

Auch der hohe Konsum von tierischen Lebensmitteln, vor allem Fleisch, verbraucht Unmengen an Ressourcen. Und durch die Art der Herstellung, also die immer stärker industrialisierte Landwirtschaft, steigen die Umweltbelastungen, etwa die Verschmutzung von Böden und Gewässern. Insekten und Tiere generell verlieren ihren natürlichen Lebensraum, weil wir ihn für uns beanspruchen – oder besser gesagt für den Lebensstil, den viele von uns oftmals unüberlegt pflegen. Denn wenn wir uns auf das beschränken würden, was wir tatsächlich zum Leben brauchen, dann würde die Welt anders ausschauen. Doch ein großer Teil wird einfach verschwendet. Womit wir beim nächsten Punkt wären.

Die Geschichte unseres Essens

Meine Großmutter hat den Zweiten Weltkrieg hautnah miterlebt. Sie war selbst vom Mangel betroffen, der auch in der Nachkriegszeit herrschte. Es gab für sie wenig, was schlimmer war, als »gutes Essen« wegzuwerfen. Es hat sich in mein Gedächtnis eingebrannt, wie sie die Reste jeder Mahlzeit aufhob, die wir gemeinsam zu uns genommen hatten. In ihrem Haus auf dem Land gab es eine große Vorratskammer, in der alle möglichen Lebensmittel, gleich ob angebrochen oder nicht, sorgsam verstaut wurden. Und sie richtete ihren Speiseplan nach den vorhandenen Zutaten, nicht umgekehrt. Wenn also etwas vom sonntäglichen Braten übrig blieb, dann wurde das verwertet.

Als Kind erschien mir das völlig selbstverständlich. Meine Großmutter war eine grandiose Köchin, alles, was sie zubereitete, war für mich ein kulinarisches Gedicht. Und ich hatte nie auch nur ein einziges Mal das Gefühl, dass das, was sie aus ihrer selten vollen Vorratskammer zauberte, eine Zusammenstückelung von »Abfällen« wäre. Ich glaube auch nicht, dass sie das jemals so betrachtet hat, denn in ihrer Vorstellung kam es überhaupt nicht in Frage, dass man irgendetwas wegwirft, solange es genießbar war. Wenn ich mir hingegen die Situation heute ansehe, dann kann ich mir nur an den Kopf greifen. Die Überflussgesellschaft in ihrer schlimmsten Ausprägung.

Alles, was auf unserem Teller landet, hat eine Geschichte. Und es ist wichtig, dass wir uns mit ihr auseinandersetzen. Denn sie beeinflusst unsere Zukunft wie sonst wenig. Immerhin ist der ökologische Fußabdruck der Nahrungsmittelerzeugung gigantisch groß und wir entscheiden mit unserem Konsum auch über die Entwicklung der Welt. Aber das ist uns nicht immer bewusst. Denn die abgepackte Einheit im Kühlregal hat kein Gesicht, sie hat keinen Namen und in vielen Fällen wissen wir noch nicht einmal, woraus sie sich zusammensetzt und woher die einzelnen Bestandteile stammen. Die Häufung von Zusatzstoffen ist ein guter Indikator dafür, dass es sich nicht unbedingt um ein Naturprodukt handelt.

Aber selbst bei Lebensmitteln, die mit dem freien Auge klar identifizierbar sind, haben wir in Wahrheit wenig Einblick über den mit seiner Entstehung verbundenen Kreislauf. Schon in der Schule bekommen die Kinder zu hören, dass sie sich bevorzugt regional und saisonal ernähren sollen. Das heißt, dass sie Nahrungsmittel zu sich nehmen sollen, die hier bei uns angebaut werden können, der jeweiligen Jahreszeit entsprechend. Das hat mehrere gute Gründe. Zum einen liefern sie uns passgenau jene Vitamine und Nährstoffe, die wir benötigen, das sind im Winter teils andere als im Sommer. Zum anderen ist damit ein geringerer Ressourcenverbrauch verbunden. Aber leider nicht immer.

Ich möchte Ihnen an dieser Stelle ein bezeichnendes Beispiel für den teils völlig abstrusen Weg bringen, den unsere Lebensmittel nehmen, bevor sie konsumiert werden. Dieser Fall hat mich dazu gebracht, von einem »Kreislauf der Zerstörung« zu sprechen. Er stammt aus meiner Zeit im österreichischen Parlament und es war gar nicht einfach, die Informationen zu bekommen. Es brauchte zwei parlamentarische Anfragen und die Beantwortung durch die Gesundheitsministerin in einem parlamentarischen Ausschuss, um zu erkennen, dass wir nicht nur einer politischen Propaganda aufgesessen waren, sondern auch ein System stützen, bei dem wir alle draufzahlen.

Alles begann mit einer Presseaussendung im April 2018. Das zuständige Regierungsmitglied ließ sich im Anschluss an einen Staatsbesuch in China feiern, es hatte soeben jahrelange österreichische Verhandlungen zum Abschluss gebracht. »Ein sensationeller Erfolg für die österreichische Landwirtschaft«, erklärte das Ministerium. Der Grund für die Freude war ein Vertrag, wonach fünf heimische Schlachtbetriebe nun über die nötigen Genehmigungen verfügten, um Schweinefleisch nach China zu exportieren. Ein gigantischer Markt mit großem Hunger auf Schweinefleisch, der wachsenden Mittelschicht sei Dank, konnte damit nach über zehn Jahren der Verhandlung erfolgreich erschlossen werden.

Die Herstellung von Schweinefleisch in Österreich für den chinesischen Markt klingt jetzt noch nicht nach der großen Sensation. Und wirft vielleicht auch bei manchen Fragen nach der ökologischen Sinnhaftigkeit auf, immerhin war das gleiche Ministerium damals auch für Nachhaltigkeit zuständig. Tatsächlich hatte nicht nur ich unmittelbar danach in den Medien scharfe Kritik daran geübt, von NGOs wurde das Abkommen als »klima-, umwelt- und agrarpolitische Bankrotterklärung« bezeichnet. Diese Kritik offenbar vorausahnend, bemühte sich das Ministerium, in der Aussendung auch gleich eine Erklärung mitzuliefern, worin dieser »extrem wichtige« Schritt genau bestehen würde.

Und diese Geschichte ging so: In China sind bestimmte Teile des Schweins, etwa die Füße und der Kopf, stark nachgefragt, sie gelten als Delikatessen und erzielen hohe Preise. In Österreich hingegen werden sie als Schlachtabfälle gesehen und bestenfalls verwurstet. Zudem würden die heimischen Bauern durch diesen Vertrag mehr verdienen, das Bauernsterben also abgewendet, weil der große chinesische Absatzmarkt ihnen tolle Möglichkeiten bieten würde. Auf den ersten Blick klingt das tatsächlich wunderbar. Nicht nur der Pressesprecher des Ministeriums, sondern auch einige Medien überschlugen sich geradezu mit frenetischem Jubel über diese Glanzleistung.

Die Rechnung ging auch kurz auf: Die Regierung erschien plötzlich in der Öffentlichkeit als Held der Weiterverwendung, sie hatte es immerhin geschafft, den Chinesen unsere Schlachtabfälle als Delikatessen zu verkaufen und damit das zu vergolden, was bei uns kaum einen Wert besitzt. Eine wunderbare Geschichte. Fast zu schön, um wahr zu sein, finden Sie nicht? Und weil sich das Ganze einfach zu großartig für mich anhörte und ich eine Person bin, die vor allem die zu schön klingenden Geschichten hinterfragt, entschied ich mich, eine parlamentarische Anfrage zu formulieren. Ich wollte wissen: Was genau besagt der Staatsvertrag mit China? Was ist davon betroffen, wie lauten die Konditionen?

Es dauerte einige Wochen, bis die Anfrage beantwortet wurde. Ich hatte sie glücklicherweise auch gleichlautend an mehrere Regierungsmitglieder gestellt, denn von manchen bekam ich kaum Auskünfte. Die für die Exportzertifikate von Lebensmitteln zuständige Gesundheitsministerin hingegen gab im Gesundheitsausschuss kleinlaut zu, dass nur die »Edelteile« exportiert werden dürften. Also Schnitzel, nicht Fuß oder Rüssel. Genau das, was auch bei uns guten Absatz findet, nicht die Abfälle. Doch nicht so ein guter Deal? Ich kontaktierte die Experten in den NGOs und fragte nach.

Und sie untermauerten meinen Eindruck: gar keine so gute Sache, diese Vereinbarung.

Denn im Grunde besagte sie, dass künftig die Erzeugnisse von fünf österreichischen Schlachthäusern nach China exportiert werden dürfen, aber eben nur jene, die auch in Österreich stark nachgefragt werden. Es würde wohl eher doch nicht zu einem »Bauernwunder« kommen, wie ein Blick auf die Entwicklungen in Deutschland zeigte. Dort hatte die starke Nachfrage nach Schweinefleisch aus China zunächst zur Steigerung der Produktion geführt. Nachdem die Nachfrage wieder gesunken war, bestanden auf einmal Überkapazitäten und die Preise rasselten in den Keller. Vielleicht kein besonders nachhaltiges Konzept, sich vom chinesischen Markt abhängig zu machen.

Wieso aber das harte Urteil der »Bankrotterklärung«? Spielen wir es kurz durch. Stellen Sie sich eine chinesische Familie der wachsenden Mittelschicht vor, die ein gehobenes Restaurant in einer chinesischen Großstadt besucht. Dort gibt es als besonderes Angebot ein Schnitzel vom österreichischen Schwein, immerhin gelten Lebensmittel aus Europa und im Speziellen aus Österreich als hochqualitativ. Sie werden dafür sicher einen stolzen Preis zahlen, aber das ist es ihnen wert. Das Schnitzel vom Schwein, das in Shanghai auf dem Teller landet, hat eine unglaubliche Reise hinter sich. Nicht nur von Österreich nach China, denn wir müssen den gesamten Prozess berücksichtigen.

Den Anfang nimmt das Schnitzel vielmehr im brasilianischen Regenwald. Oder dort, wo er einmal war, denn er wurde brandgerodet, damit Soja als Futtermittel für Schweine angebaut werden kann. Genmanipuliertes Soja. Dieses wird dann von Brasilien nach Österreich gebracht und landet in den Trögen der Schweine, dessen Fleisch mit einem besonderen Gütesiegel ausgezeichnet wird. Danach wird es verpackt, gekühlt und in einer sechzigtägigen Reise nach China verschifft. Es liegen also über 30.000 Kilometer zwischen dem Anfang und dem Ende dieses Schnitzels. Und eine Unmenge an verbrauchten Ressourcen, zerstörten Naturräumen und Umweltverschmutzung. Ist das etwas, wofür man sich feiern sollte?

Zwei Seiten einer Medaille

Das war ein eindrückliches Beispiel für den allgegenwärtigen Wahnsinn der Lebensmittelherstellung. Aber bei Weitem nicht das einzige. Denken wir etwa an die südafrikanische, israelische oder chilenische Avocado, die bei uns seit einiger Zeit einen regelrechten Boom als »Superfood« erlebt. Das liegt an ihren wertvollen Inhaltsstoffen und natürlich auch an der Verbreitung der vegetarischen und veganen Ernährung. Und so gut das für die Gesundheit sein mag, so katastrophal ist es in dem Fall für die Umwelt. Als halber Chilene habe ich mich, ehrlich gestanden, anfänglich nicht gerne damit beschäftigt, immerhin bin ich mit der Avocado als familiärem Grundnahrungsmittel aufgewachsen.

Für mich ist sie immer ein ganz normaler Bestandteil meiner Ernährung gewesen. Sie ist vielseitig einsetzbar, schmeckt gut und macht satt. Ich habe nie groß darüber nachgedacht, dass sie eigentlich eine weite Reise hinter sich hat. Aber das habe ich bei Bananen und Kiwis auch weitestgehend ausgeblendet. Der Apfel liegt im Supermarkt direkt neben der Mango und man kann bisweilen auch am Preis nicht erkennen, dass das eine aus der Steiermark und das andere vom anderen Ende der Welt stammt. Auch der Ressourcenverbrauch, der mit der Erzeugung verbunden ist, wird da nicht abgebildet. Und so denkt man nicht weiter darüber nach, sondern freut sich, dass es verfügbar und halbwegs preiswert ist.

Aber es ist besorgniserregend, wenn man auf die Schattenseiten des Avocado-Booms blickt. Daher möchte ich das nun machen, denn so schmerzhaft das für uns auch sein mag, und ich bin hier absolut selbstkritisch – gut gemeint ist manchmal leider wirklich nicht gut. So sieht es auch bei der Avocado aus. Das köstliche Superfood ist ein Umweltzerstörer der Sonderklasse. Und es entbehrt nicht einer gewissen Tragikomik, dass just dieses Lebensmittel bei uns seit einiger Zeit wie kaum eines sonst für die »gute Ernährung« steht. Damit ist es ideal geeignet, um sich der zweiten Seite der Medaille zu widmen: den ökologischen Folgen unserer Ernährung.

Das ist für mich persönlich die neueste und vielleicht sogar weitreichendste Betrachtungsweise meines eigenen Tellers. Die Frage der Ethik, also ob und wie mit Lebewesen umgegangen werden darf, um sie oder ihren Lebensraum zu nutzen, ist die eine Ebene. Dazu kommt die Frage der gesundheitlichen Auswirkungen, damit beschäftigen sich wohl viele Menschen ganz intuitiv und in letzter Zeit auch immer bewusster. Doch welche Geschichte ein Lebensmittel hat, woher es kommt und was damit verbunden ist, das ist – zumindest für mich – eine recht neue Frage. In Zeiten von Klimakrise und Artensterben wird sie uns vermutlich künftig noch stärker beschäftigen.

Die Avocado wird manchmal ein wenig spöttisch als »Frucht der Weltretter« bezeichnet. Das ist eine Anspielung darauf, dass sie gerade bei jenen beliebt ist, die sich gesund ernähren, über höhere Bildung und ein besseres Einkommen verfügen. Man findet sie dementsprechend auf den Speisekarten der hippen Cafés, selbst Fast-Food-Ketten haben sie bereits im Programm. Denn die Avocado ist gesund und sie ist mit ein bis zwei Euro zwar nicht superbillig, aber angesichts des gewaltigen Aufwands, der mit ihrer Herstellung verbunden ist, ist das ein Spottpreis. Dabei bildet dieser Preis nicht einmal ansatzweise die realen Kosten ab.

Die Avocado, eine Pflanzenart aus der Familie der Lorbeergewächse, stammt ursprünglich aus Zentralamerika, dort wird sie seit Tausenden Jahren angebaut. Die Avocado braucht viel Sonne und sie braucht extrem viel Wasser. Je nach Größe und Gewicht benötigt man für die Herstellung von zwei Avocados bis zu 1.000 Liter Wasser. Zum Vergleich: In vielen Regionen Afrikas stehen Menschen nur 20 Liter Wasser pro Tag zur Verfügung, in Europa verbrauchen wir im Schnitt 150 Liter pro Tag und Person. Inklusive Dusche, Toilette und Trinkwasser. Für die Herstellung von einem Kilo Tomaten benötigt man rund 150 Liter Wasser, das Kilo Salat kann man mit 120 Litern Wasser herstellen. Die Avocado ist also eine wahre Wasserfresserin.

In Chile, meiner zweiten Heimat, hat der Avocado-Boom mittlerweile schreckliche Auswüchse angenommen. Im Norden Chiles findet sich das Zentrum des nationalen Avocado-Anbaus, eine Region, die grundsätzlich nicht von Wassermangel betroffen ist. Das hat sich geändert, seit die Avocado hier Einzug gehalten hat. Die Bevölkerung ist mittlerweile auf Wasserlieferungen angewiesen, denn die landwirtschaftliche Produktion der Agrarkonzerne beansprucht das gesamte Grundwasser. Es hat dazu geführt, dass die Brunnen staubtrocken sind und die Menschen auf die Tankwägen warten müssen, die in unregelmäßigen Abständen durch die Dörfer fahren und Wasser teuer verkaufen.

Seit den Zeiten der faschistischen Diktatur in Chile, von der meine Familie mütterlicherseits verfolgt wurde und der sie nur knapp entfliehen konnte, ist die Wasserversorgung im Land privatisiert. Konzerne können also die Wasserrechte kaufen und mit dem Wasser den Durst ihrer Unmengen an Avocados stillen statt jenen der Bevölkerung. Hier wird das Profitstreben der Agrarkonzerne zur obersten Maxime. Der Wunsch nach dem gesunden Lebensmittel im wohlhabenden Europa ist wichtiger als die Versorgungssicherheit im globalen Süden. Und dabei geht es nicht nur ums Wasser. Denn auch Wälder werden massenhaft gerodet, um den Avocado-Anbau zu ermöglichen – in Mexiko etwa.

Die lokale Bevölkerung ist machtlos gegen die finanzkräftigen und zunehmend skrupellos agierenden Konzerne. Wo sich Widerstand regt, weil die Verzweiflung zu groß wird, folgt Einschüchterung. In Chile beobachtet Amnesty International mit wachsender Sorge die Repressionen, denen regionale NGOs ausgesetzt sind, die öffentlich auf die Missstände bei der Wasserversorgung hinweisen und Zusammenhänge mit der Landwirtschaft aufzeigen. Doch die Menschen können nicht schweigen angesichts einer sich zuspitzenden Konkurrenz zwischen der exportorientierten Landwirtschaft und der Notwendigkeit einer sicheren Versorgung mit dem Grundlebensmittel Wasser.

Neben dem unglaublichen Raubbau an der Natur schlägt auch der wochenlange Transport umweltfeindlich zu Buche. Die sensiblen Avocados legen vom Feld bis in den Supermarkt Tausende Kilometer in auf sechs Grad gekühlten Transportern zurück. Sie werden für die Überfahrt gut verpackt, auch auf die Luftfeuchtigkeit wird genau geachtet. Das alles frisst Unmengen an Strom. Und da reden wir noch nicht einmal von den europäischen Reifekammern, wo die Avocados durch den Einsatz des Gases Ethen punktgenau zur Reifung gebracht werden. Es werden also wahnsinnig viele Ressourcen verbraucht, um das vermeintliche Superfutter der Weltenretter herzustellen.

Es geht mir überhaupt nicht darum, den Zeigefinger gegen jemanden zu heben. Ich möchte mit diesem Beispiel vielmehr zeigen, dass alles wesentlich vielschichtiger ist, als es auf den ersten Blick scheint, gerade wenn es um unsere Ernährung geht. Und vielleicht regt es auch manche Menschen zum Nachdenken an. Denn den wahren Preis für die Avocado zahlt die Natur. Würden die gewaltigen Umweltfolgen einberechnet, wir könnten sie uns nicht mehr leisten. Ihre Herstellung ist nur möglich, weil andere verzichten müssen, etwa die lokale Bevölkerung. Wenn wir also tatsächlich etwas verbessern wollen, dann sollte das auf eine Weise erfolgen, die das Problem nicht einfach woandershin verlagert.

Denn gerade, wenn wir den Anspruch haben, über unseren Teller einen positiven Beitrag zu leisten, wenn wir uns bewusst und wertvoll ernähren wollen, dürfen wir die ökologischen Zusammenhänge nicht außer Acht lassen. Wir leben auf diesem Planeten gemeinsam, alles ist miteinander verbunden. Es gleicht mehr einem Akt der Selbstgerechtigkeit denn der Weltrettung, wenn wir uns nur auf den Bereich beschränken, der in unserem unmittelbaren Blickfeld liegt. Und wir sollten uns hüten, die Moralkeule zu schwingen, denn wenn man die einzelnen Bereiche unseres Lebens ansieht, dann werden wir wohl alle feststellen müssen, dass wir von Perfektion weit entfernt sind.

Verschwendete Mittel zum Leben

Wir müssen dankbar dafür sein, dass die Erde uns ernährt. Zumindest viele von uns. Denn auch im zweiten Jahrzehnt des 21. Jahrhunderts hungern immer noch über 800 Millionen unserer Mitmenschen. Alle zehn Sekunden stirbt weltweit ein Kind unter fünf Jahren an Hunger. Dass wir es nicht schaffen, alle Menschen auf der Erde zu ernähren, ist nicht einem Mangel an Ressourcen geschuldet. Es liegt einzig und allein an dem unglaublichen Ungleichgewicht bei ihrer Verteilung. Denn allein die Lebensmittel, die jährlich in Europa und Nordamerika im Müll landen, würden ausreichen, um alle Hungernden auf der Welt zu ernähren. Und zwar dreimal. Kein einziges Kind müsste sterben, niemand müsste hungern.

Das zeigt auch, dass das nichts mit der globalen Bevölkerungsgröße zu tun hat. In gewissen Kreisen hört man ja immer wieder, dass wir an einer »Überbevölkerung« leiden würden. Diese sei die Wurzel für Hunger und Armut. Ich halte diese Behauptung für falsch – und auch für gefährlich. Denn wenn von »Überbevölkerung« gesprochen wird, dann wird nie die Europäische Union oder Nordamerika gemeint, sondern meistens Afrika oder Asien. Dabei könnten sich diese Regionen der Welt wunderbar selbst versorgen, wenn sie die Hoheit über ihre eigenen Bodenschätze hätten, wenn die Handelsverträge anders ausgestaltet wären. Sind sie aber leider noch immer nicht.

Der Amazonas-Regenwald ist nicht nur die Heimat unzähliger Tier- und Pflanzenarten, er ist auch der Lebensraum indigener Völker. Der Regenwald ist ihre Heimat. Doch immer mehr davon geht in Flammen auf, damit Rinder für den Export gemästet werden können. Grund und Boden und die darin schlummernden Schätze im globalen Süden sind viel zu oft in den Händen multinationaler Konzerne. Das führt dann dazu, dass etwa selbst in Regionen, die reich an Wasser sind, die Bevölkerung kaum Zugang dazu hat. Es führt dazu, dass in Asien, Afrika und Lateinamerika die Kleinbauern ihre eigenen Anbaugebiete verlieren und im schlimmsten Fall ihr Leben dazu. Alles für den Profit einiger weniger.

Es sind im wahrsten Sinne des Wortes die Mittel zum Leben, die ihnen gestohlen werden. Und das Ganze noch nicht einmal aus einer echten Versorgungsnotwendigkeit heraus, sondern einfach, weil es geht. Und weil es sich für manche richtig auszahlt. Mahatma Gandhi hat das einmal treffend auf den Punkt gebracht: »Die Welt hat genug für jedermanns Bedürfnisse, aber nicht für jedermanns Gier.« Dieser Satz besitzt nach wie vor Gültigkeit, vor allem was die desaströse Dynamik im Umgang mit der Herstellung und Verteilung von Lebensmitteln betrifft. Es ist nicht so, dass wir zu viele Menschen auf der Erde sind. Es ist vielmehr so, dass manche zu viel von dem verbrauchen, was im Grunde uns allen zusteht.

Nach Meinung von Experten könnten wir schon heute bis zu 20 Milliarden Menschen problemlos versorgen. Dazu müssten wir aber eine echte Agrarwende einläuten. Wir müssten aufhören, primär Futtermittel zu produzieren und die Flächen endlich für menschliche Nahrung verwenden. Derzeit ist es ungefähr die Hälfte der global erzeugten Getreideernte, die in Futtertrögen landet oder für die Herstellung von Treibstoff verwendet wird. In der Europäischen Union sind es gar über 60 Prozent. Für den Brennwert von 100 Kalorien einer Nutzpflanze erhalten wir über tierische Lebensmittel im Schnitt 20 Kalorien zurück. Das kommt einer gigantischen Verschwendung an Energie gleich.

Schätzungen zufolge könnten Millionen Hektar an Agrarland eingespart werden, wenn der weltweite Fleischkonsum nur um ein Viertel gesenkt würde. Es geht also gar nicht darum, den Konsum von tierischen Produkten einzustellen, es geht um das Maß. Die fortschreitende Intensivierung der Landwirtschaft wirkt sich auch katastrophal auf die Beschaffenheit der Böden aus, wie die Situation in Deutschland zeigt. Denn dort wird in manchen Regionen so viel Gülle produziert und ausgebracht, dass Böden und Grundwasser massiv unter Nitratbelastung leiden. Tausende Kilometer weit wird der Dreck aus der Intensivhaltung transportiert und in Gegenden ausgebracht, wo ihn die Böden noch aufnehmen können.

Auch wenn es aus diversen Gründen mehr als empfehlenswert wäre, den Konsum von tierischen Lebensmitteln zu reduzieren, besonders den von Fleisch, es wäre rein aus ökologischer Sicht nicht einmal nötig. Wenn wir nur nicht so viel wegschmeißen würden, demnach auch nicht so viel für den Mülleimer produzieren müssten. Denn derzeit geht ungefähr ein Drittel der weltweiten Lebensmittelproduktion jährlich verloren. Das sind unfassbare 1,3 Milliarden Tonnen. In der Europäischen Union werden pro Person über 175 Kilogramm weggeworfen. Allein in Deutschland sind es mehr als 11 Millionen Tonnen pro Jahr, das entspricht einem Wert von 25 Milliarden Euro.

Die Verluste entstehen schon bei der Ernte, etwa durch Schädlinge, falsche Lagerung, Unwetter oder Schwankungen bei der Nachfrage. Wie viel genau, darüber gibt es keine validen Daten. Mehr weiß man über die Verluste, die beim Transport und im Handel entstehen, in der Gastronomie und in der Gemeinschaftsverpflegung. Und natürlich über die Unmengen, die in den Haushalten unverbraucht in der Tonne landen. Wenn wir uns vergegenwärtigen, dass Hunderte Millionen Menschen hungern und bis zu 30 Prozent der globalen Umweltbelastungen durch die Nahrungsmittelproduktion verursacht werden, dann ist die massenhafte Lebensmittelverschwendung kein Randthema mehr.

Schauen wir uns das im Detail am Beispiel von Österreich an. Auf knapp neun Millionen Einwohner kommen hier jährlich über 750 Millionen Kilo an Lebensmitteln, die im Müll landen. Um ein Gefühl für diese Zahl zu bekommen: Man könnte damit eine Million Menschen ein ganzes Jahr lang ernähren. Allein mit den österreichischen Lebensmittelabfällen könnte man also ganz Köln oder fast ganz Dublin versorgen. Und mit den deutschen Lebensmittelabfällen könnte man sogar 16 Millionen Menschen versorgen. Oder anders gesagt: Mit dem, was jährlich an Lebensmitteln in deutschen Mülleimern landet, könnte man die gesamte Schweiz und ganz Österreich versorgen.

Allein in der Außer-Haus-Verpflegung, also in Gastronomie und Gemeinschaftsküchen, sollen es in Österreich über 280 Millionen Kilo Lebensmittel sein. Rund 175 Millionen davon sollen vermeidbar sein, sie haben einen Warenwert von über 300 Millionen Euro. Bei der Herstellung dieser verlorenen Lebensmittel fallen 400.000 Tonnen CO_2 an, werden 28 Milliarden Liter Wasser und 36.000 Hektar Land verbraucht. Diese Zahlen verdeutlichen die gigantischen Folgewirkungen unserer Verschwendung. Denn wir dürfen nie vergessen, dass nicht nur Tiere für unser Essen sterben, sondern auch Wasser und Ackerfläche verbraucht werden.

Auch in den Supermärkten fallen Unmengen an Lebensmittelabfällen an, nur 15 Prozent werden in Österreich bislang an karitative Einrichtungen weitergegeben. Das hat viele Gründe, unter anderem den, dass es bislang den Konzernen überlassen bleibt, was sie mit ihrem Eigentum machen. Und hier sollten wir uns die Frage stellen, ob das dem Gemeinwohl dient. Solange Menschen auch bei uns hungern – man geht von rund 1,5 Millionen Österreichern unter oder am Rande der Armutsgrenze aus –, hat dann irgendjemand das Recht, Lebensmittel einfach wegzuschmeißen, obwohl sie noch genießbar wären? Wo ziehen wir die Grenze, ab der das Gemeinwohl überwiegt?

Es gäbe übrigens genügend Ansatzpunkte, um die Verschwendung von Lebensmitteln zu vermeiden. Am Anfang muss die Bewusstseinsbildung stehen, also die Aufklärung, dass ein Mindesthaltbarkeitsdatum kein »Tödlichkeitsdatum« ist. Das muss bereits in der Schule vermittelt werden. Es braucht auch mehr Schulungen von Küchen- und Lagerpersonal, dort kann viel eingespart werden. Nicht zuletzt muss es um den Ausbau und die Optimierung der Weitergabe von Lebensmitteln gehen, etwa über Foodsharing. Was manche nicht mehr wollen, benötigen andere ganz dringend. Wir brauchen entlang der gesamten Wertschöpfungskette gezielte Anstrengungen, um Abfälle zu vermeiden.

Wir können als Einzelne unseren Beitrag dazu leisten, etwa indem wir nur kaufen, was wir auch wirklich verbrauchen können. Indem wir genussfähige Reste verwerten, statt sie wegzuwerfen. Es gibt eine Reihe von Dingen, die wir machen können, um die Verschwendung zu verringern. Aber das große Ganze lässt sich nur im Kollektiv ändern. Dazu brauchen wir die Politik. Denn die Vorgaben darüber, was auf welche Weise hergestellt und vertrieben werden darf, die machen unsere demokratischen Repräsentanten. Und irgendetwas läuft offenbar gewaltig schief, wenn wir uns diese Zahlen der Ungleichverteilung und Verschwendung anschauen. Das gehört geändert.

Die apokalyptischen Zwillinge

Veränderung kennzeichnet Leben. Unsere Erde hat sich im Laufe von Millionen von Jahren bereits unzählige Male komplett gewandelt. Sie ist zu einem Ort geworden, an dem auch wir Menschen optimale Lebensbedingungen vorfinden. Doch wir laufen Gefahr, diese Bedingungen zu verlieren. Sinnbildlich wird, vor allem im Kontext des Klimaschutzes, von unserer Generation als der ersten gesprochen, die den Klimawandel hautnah erlebt, und der letzten, die noch etwas dagegen unternehmen kann. Ich sehe das nicht ganz so. Denn auch kommende Generationen werden etwas gegen den menschgemachten Klimawandel, die »Klimakrise«, machen können und müssen. Wir haben immer die Möglichkeit dazu.

Für manches ist es bereits zu spät. Die menschgemachte Erderwärmung und das Artensterben lassen sich bestenfalls abmildern, aber nicht mehr aufhalten. Und wir werden uns an die daraus resultierenden veränderten Lebensbedingungen anpassen müssen, ob wir wollen oder nicht. Das wird jenen mit mehr Ressourcen besser gelingen als den Armen. Das ist die soziale Dimension dieser ökologischen Entwicklung, die wir nie unberücksichtigt lassen dürfen. Denn es sind nicht die Armen, die die Welt zerstören. Aber sie sind die am stärksten betroffenen Menschen, bei ihnen geht es ums Überleben. Denken wir etwa an die vielen Millionen, die ihr Zuhause bei steigenden Meeresspiegeln verlieren.

Aber es stimmt, dass wir derzeit an einem Punkt angelangt sind, an dem die negativen Auswirkungen unserer negativen Eingriffe ins Ökosystem besonders stark sicht- und spürbar werden. Durch die Veränderung der Temperaturen, durch Wetterextreme mit unterschiedlicher Ausprägung in den verschiedenen Teilen der Welt. Das bedeutet an manchen Orten extreme Trockenheit, Dürren von biblischem Ausmaß, an anderen Stellen massive Überschwemmungen, die ganze Landstriche in ein Katastrophengebiet verwandeln. Niemand ist davon ausgenommen, weder wir Menschen und schon gar nicht die Tiere. Aber wir haben die Chance, etwas daran zu ändern.

Dazu müssen wir zunächst die großen Zusammenhänge erkennen. Einer davon ist das fatale Zusammenspiel von Klimawandel und Artensterben. In Wissenschaftskreisen spricht man von »Zwillingskrisen«, weil beides sich gegenseitig in seiner Destruktivität beschleunigt und verstärkt. Durch die Erderwärmung geht Artenvielfalt verloren, die unsere Natur benötigt, um die Auswirkungen der Klimakrise abzufedern. Schwindet sie, geht auch der »Selbstheilungsmechanismus« verloren. Dadurch verstärken sich die negativen Auswirkungen des Klimawandels und so weiter. Eine Negativspirale mit apokalyptischen Folgen, denn das Leben auf der Erde hängt letztlich vom Zusammenspiel der Arten ab.

Betrachten wir das anhand eines Beispiels, das bislang meiner Meinung nach viel zu wenig öffentliche Beachtung gefunden hat. Wir alle kennen sie, die bunten Korallen im Meer. Nicht allen ist klar, dass es sich dabei um Tiere handelt, genauer gesagt um sogenannte Nesseltiere. Diese Korallen bilden durch Einlagerung von Kalk Skelette, aus denen die Riffe entstehen. Und diese Riffe wiederum gehören zu den wichtigsten Lebensräumen unserer Erde überhaupt. Aus diesem Grund werden sie auch als »Regenwald der Meere« bezeichnet, denn nach dem tropischen Regenwald beherbergen sie die meisten Arten auf unserem Planeten.

Obwohl sie nur eine vergleichsweise geringe Gesamtfläche der Meere ausmachen, es sind ungefähr 0,2 Prozent, beheimaten sie über ein Drittel aller Tierarten, die im Meer leben, darunter etwa über ein Viertel aller Meeresfische. Sie sind nicht nur extrem wichtig für die Tiere, sondern schützen auch unsere Küsten und tragen damit maßgeblich zum Schutz von menschlichen Lebensräumen bei. Ganz abgesehen davon hängt die wirtschaftliche Existenz von über 500 Millionen Menschen an ihrem Bestehen, denken wir nur an den Fischfang oder an den Einfluss der Riffe als Tourismus-Hotspot. Obwohl sie so überaus wichtig für unser Ökosystem sind, sind die Korallenriffe stark bedroht.

Das lässt sich gut am Great Barrier Reef in Australien nachvollziehen. Es ist mit über 345.000 Quadratkilometern Fläche ungefähr so groß wie ganz Deutschland. Es beherbergt über 1.500 Fischarten und schätzungsweise über 8.000 Weichtierarten. Nicht umsonst ist es von der UNESCO als Weltkulturerbe eingestuft worden. In den letzten Jahren hat sich das Wasser dort kontinuierlich erwärmt, das wiederum hat zu einem Rückgang der Algen geführt, die in einer Symbiose mit den Korallen leben. Sie geben ihnen ihre Farben, versorgen sie aber vor allem mit Sauerstoff und Energie. Den Rückgang der Algen erkennt man an der »Korallenbleiche«, also weiße Korallenstöcke, auf die der Tod der Korallen folgen kann.

Korallenbleichen werden bereits seit Langem beobachtet, in den letzten Jahren haben sie sich aber dramatisch gehäuft. So wurden 2016 und 2017 absolute Wassertemperatur-Rekordwerte am Great Barrier Reef dokumentiert, die zu erheblichen Schäden führten. Die Wissenschaft führt das auf die kontinuierliche Erderwärmung zurück, die sich, ergänzend zur Übersäuerung und Verschmutzung der Meere, stark negativ auf das maritime Ökosystem auswirkt. Seit 1982 hat sich die Zahl extremer Hitzetage etwa verdoppelt. Neuesten Berechnungen zufolge sind bereits bei einem Temperaturanstieg von zwei Grad Celsius praktisch alle Korallenriffe weltweit verloren. Für immer.

Korallen haben über 400 Millionen Jahre an planetarer Veränderung überlebt. Nun drohen sie an den Folgen unserer Lebensweise zugrunde zu gehen. Der leise und langsame Tod der Korallen ist ein Warnsignal für unseren Planeten. In Fachkreisen gibt es den Vergleich mit dem berühmten Vogel im Bergstollen, der bei Sauerstoffverlust oder Gasbildung von der Stange kippt. Die Korallenriffe sind unser Kanarienvogel und sie sind im Begriff, von der Stange zu fallen.

Letztlich geht es bei all diesen negativen Veränderungen in der Natur nicht nur um das Überleben von Tier- und Pflanzenarten, die dafür verantwortlich sind, dass wir auf der Erde leben können, wie wir es gewohnt sind. Es geht auch direkt und unmittelbar um unsere Gesundheit und Sicherheit. Und hier schließt sich der Kreis zu unserer Ernährung und ihrer Entstehung im industrialisierten Rahmen. Denn die ist nicht nur für Umweltverschmutzung, Klimaschäden und unfassbares Tierleid verantwortlich, sondern auch eine Gefahr für unsere Gesundheit. Und zwar mehr, als uns vielleicht bewusst sein mag. Manches liegt auf der Hand, anderes verbirgt sich unter der Oberfläche.

Und es lohnt sich, unter die Decke des Offensichtlichen zu blicken. Denn dort steckt nicht nur die Antwort auf die Frage, wie wir selbst einen Beitrag dazu leisten können, das ökologische Ungleichgewicht auszugleichen oder die negativen Auswirkungen für die Tiere und ihre natürlichen Lebensräume abzumildern, sondern vielleicht ist es für manche auch ein Weg zu einem Leben in einem gesünderen Körper. Die Gesundheit des Ökosystems und unsere eigene Gesundheit sind stärker verbunden, als wir glauben.

Du bist, was du isst?

In meiner Kindheit habe ich viel Zeit mit und bei meiner Großmutter väterlicherseits verbracht. Sie stammte von einem Bergbauernhof, hatte kaum formale Schulbildung genossen, war aber eine der wichtigsten Mentorinnen meines Lebens. Sie erlebte die Schrecken des Zweiten Weltkriegs hautnah und die Mühen der Nachkriegszeit. Sie zog vier Kinder groß, über weite Strecken auf sich allein gestellt, kämpfte sich mit Jobs in der Tiefkühlkost-Fabrik und dergleichen durch. Sie half bei der Betreuung von Waisenkindern in Rumänien und bei der Ernte in Nicaragua. Für mich war sie die personifizierte Solidarität, ohne jeglichen Glanz oder Pomp, sondern in der Reinheit dieses Wortes. Mitfühlend.

Viele Jahre lebte sie mit ihrer Mindestpension in einem kleinen Haus auf dem Land, wo ich sie für Wochen durchgängig im Sommer und unterjährig fast an jedem Sonntag besuchte. Und wenn ich so zurückdenke, so war Essen immer ein verbindendes Element zwischen uns. Wenn sie nicht im Garten arbeitete, dann kochte sie. Stundenlang. Sie bereitete Speisen zu, deren Namen mir heute nicht mehr einfallen. Jedes bisschen Fleisch, Obst oder Gemüse wurde verwertet. Sie wusste, welche Zutaten sie verwendete, denn sie kaufte das Fleisch beim Fleischer im Dorf, die Eier und das Gemüse bekam sie von Nachbarn mit eigenem Hof. Natürliche Lebensmittel hatten bei ihr eine hohe Wertigkeit und Wichtigkeit.

Ich konnte ihr stundenlang dabei zuschauen, wie sie kochte. Ich habe zugesehen, wie sie einen Hasen häutete oder ein Huhn köpfte, danach säuberte und für uns zubereitete. Das alles geschah zwar routiniert, aber doch mit einer gewissen Achtsamkeit. Und wenn sie etwas ständig hochhielt, wenn ich mich mit ihr über Lebensmittel unterhielt, dann war das der Aspekt der Gesundheit. Sie war sehr darauf bedacht, dass die Nahrung, die sie für uns zubereitete, auch gesund war. Damit meine ich nicht gesund im Sinne der Empfehlungen von ausgebildeten Ernährungsberatern, die vermutlich in der Küche meiner Oma die Krise bekommen hätten. In ihrer Welt hatte das eine andere Bedeutung.

Die Kuhmilch etwa, die sie noch im Kübel von der Nachbarin holte, erachtete sie als gesund. Später habe ich aufgehört, sie zu konsumieren, denn ich habe sie irgendwann nicht mehr vertragen. Lange habe ich mich darüber gewundert, dachte, ich sei eine absolute Ausnahme. Dann erfuhr ich, dass in Österreich über 1,5 Millionen Menschen und in Deutschland bis zu 15 Millionen Menschen eine sogenannte Laktose-Intoleranz haben – die Milch also nicht vertragen. Global betrachtet sind es sogar 75 Prozent der Weltbevölkerung, die das Enzym Laktase nach dem Säuglingsalter nicht produzieren, welches benötigt wird, um die Laktose in der Milch zu spalten und den Milchzucker abzubauen.

Aber darum geht es mir hier gar nicht, sondern vielmehr um den Aspekt der Glaubenssätze und der Entfremdung. Beides hängt eng zusammen. Je weniger wir wissen, umso mehr müssen wir glauben, das gilt besonders auch bei unserer Ernährung. Wenn wir unsere Informationen aus der Werbung beziehen, dann werden wir zu Marionetten einer profitgetriebenen Industrie, die uns Produkte vorsetzt, die vielleicht unsere Bäuche füllen, aber weder gesund noch nachhaltig sind. Und die schon gar nicht gut für die Tiere, für Natur und Klima oder die heimische Landwirtschaft sind. Je weniger wir hinterfragen, umso mehr wird uns aufgetischt. Im wahrsten Sinne des Wortes.

Dabei gibt es wenig, womit wir uns zwangsläufig so intensiv beschäftigen wie mit unserer Ernährung. Es gibt schließlich kaum etwas, das wir uns bis zu dreimal täglich zuführen. Unser Körper lebt von dem, was wir ihm an Nahrung bereitstellen, und entwickelt sich auch dementsprechend. Ganz vereinfacht ausgedrückt: Wertvolle Lebensmittel erhöhen unsere Gesundheit, mangelhafte Ernährung schadet ihr. Noch bewegen wir uns auf der Ebene der Binsenweisheiten und ich muss gestehen, ich scheue mich auch ein wenig, sie zu verlassen. Denn kaum etwas wird so kontroversiell diskutiert wie die Frage unserer Ernährung. Das nimmt bei manchen mitunter religiöse Ausmaße an.

Und ich denke, das verunmöglicht vielen Menschen auch den Zugang zur sachlichen Auseinandersetzung. Denn es wirkt manchmal so, dass dort, wo die Emotion überhandnimmt, so mancher den Verstand ausschaltet. Das ist nachvollziehbar, die Ernährung ist stark emotional besetzt, sie ist ein identitärer Prozess. Ich selbst lebe seit vielen Jahren vegetarisch, ohne mich deswegen auch nur eine einzige Sekunde lang als überlegen in meiner Ernährung zu betrachten. Ich habe das für mich an einem Tag entschieden, nachdem ich einen langen Weg der Reflexion und intensiven Auseinandersetzung hinter mir hatte. Und seither lebe ich eben so.

Aber ich musste schon unzählige Diskussionen führen mit Menschen, die sich unaufgefordert zu meiner Ernährungsweise geäußert haben. Da gibt es die eine Gruppe, die meint, der Vegetarismus sei Teufelszeug, weil wir ja evolutionär auf Fleisch angewiesen wären. Mein Gehirn wäre nicht so groß, wenn nicht meine Vorfahren Unmengen an Fleisch konsumiert hätten. Abgesehen davon, dass mein Gehirn nicht schrumpft, wenn ich kein Fleisch mehr esse, erkenne ich auch eine gewisse Inkonsistenz in der Argumentation dieser Leute. Denn Massentierhaltung haben unsere Vorfahren nicht betrieben und aus der stammt schließlich der Großteil des angebotenen Fleisches.

Es gibt aber auch eine andere Fraktion, nämlich jene, die mich dafür kritisiert, dass ich nicht vegan lebe. Denn mein

Vegetarismus sei halbherzig, so sagen sie, er würde noch mehr Tierleid verursachen, weil ja die Milchwirtschaft unser größtes Problem sei. Diese Gruppe ist der Ansicht, dass wir überhaupt nicht berechtigt sind, Tiere landwirtschaftlich zu nutzen, und daher auch keine tierischen Produkte konsumieren sollen. Ich respektiere die Präferenz von Menschen, sich zu ernähren, wie sie wollen, aber ich habe immer ein Problem damit, wenn »die Wahrheit«, begleitet vom erhobenen Zeigefinger, als Allheilmittel propagiert wird.

Ich entziehe mich diesen Diskussionen meistens von Beginn an, weil sie wenig zielführend sind, wenn sie begleitet sind von überstarken Glaubenssätzen. Ich habe auch nicht das Gefühl, dass es diesen Menschen, die so stark bewertend durch die Welt ziehen, tatsächlich um eine Veränderung beim Gegenüber geht als vielmehr um eine Abwehr eines inneren Impulses. Und das ist schade, denn eigentlich bräuchten wir viel mehr Austausch über die unterschiedlichen Ernährungskonzepte. Es kann ausgesprochen bereichernd sein, wenn man miteinander darüber spricht, was man isst und wieso. Aber das geht eben nur auf eine respektvolle Art und Weise, ohne Deutungshoheit aufzubauen.

Ich bin kein Experte, kann und möchte daher auch nicht wertend über unser Essen sprechen. Ich persönlich esse wie gesagt keine Tiere, allerdings aus einer ethischen Perspektive heraus, nicht aus gesundheitlichen Gründen. Und auch wenn es mittlerweile offenbar gesichertes Wissen ist, dass eine fleischreduzierte Kost gesünder ist, dass weniger stark industriell verarbeitete Lebensmittel mit möglichst keinen chemischen Zusätzen dem Körper zuträglicher sind, so möchte ich mich nicht mit einer Wertung befassen. Es ist eine eigene Wissenschaft und es gibt andere Menschen, die berufener sind als ich, sich den Kopf zu zerbrechen über die Vorzüge unterschiedlicher Ernährungsformen.

Ich muss mich aber dennoch mit der gesundheitlichen Dimension des Umgangs mit Lebewesen beschäftigen, denn sie stellt neben der ethischen und ökologischen die dritte wichtige Komponente einer ganzheitlichen Betrachtung dar. Dabei geht es mir weniger darum zu diskutieren, ob und wie viel Konsum tierischer Produkte für uns gesundheitlich zu- oder abträglich ist. Es geht hier auch nicht darum, für oder gegen individuelle Lebensmodelle Partei zu ergreifen. Vielmehr möchte ich mich den unterbeleuchteten, aber künftig hoffentlich präsenteren Zusammenhängen und Wechselwirkungen hinsichtlich unserer Gesundheit und der Entwicklung der Umwelt widmen.

Von Glyphosat, Nitrat und verseuchten Böden

Wir haben schon gehört, dass die immer intensivere Landwirtschaft zu gewaltigen negativen Folgen führt, die großen Einfluss auf die Entwicklung unseres Ökosystems haben. Das bezieht sich auf das Klima generell, aber auch auf die Artenvielfalt im Speziellen, die durch die fortschreitende Industrialisierung der Nahrungsmittelproduktion gefährdet wird. Neben der ökologischen ist aber auch die gesundheitliche Ebene von großer Relevanz. Denn das System der massenhaft industriell erzeugten Nahrungsmittel schädigt die Luft, die Böden, die Gewässer. Und damit nicht nur unseren Lebensraum, sondern auch uns als Menschen. Hier zeigt sich wieder, wie stark alles miteinander verbunden ist.

Nehmen wir als erstes Beispiel die Gülle. Sie besteht aus Kot und Urin von landwirtschaftlich genutzten Tieren, vornehmlich von Schweinen und Rindern. Da sie hohe Mengen an Nährstoffen enthält, ist sie ein wunderbarer natürlicher Dünger und wird zu diesem Zweck auf den Feldern ausgebracht. Man spricht hier ganz allgemein von Wirtschaftsdünger, je nach Mischverhältnis und Grad der Beimengungen von Gülle, Jauche oder Mist. Die Gülle ist also einerseits ein Abfallprodukt der Viehhaltung, andererseits ein wichtiger Bestandteil des landwirtschaftlichen Kreislaufes. Zudem kann aus den nicht verdauten organischen Verbindungen in der Gülle auch Biogas hergestellt werden.

Doch Gülle ist nicht nur wichtig für die Landwirtschaft, sie kann unter bestimmten Voraussetzungen auch schädlich sein. Vor allem dann, wenn es zu viel davon gibt und die Böden, aber auch die Luft damit zu stark belastet werden. Je intensiver die Tiermast, je mehr Tiere auf geringem Raum untergebracht sind und dort unter Einsatz von immer mehr Futtermitteln immer höhere Leistungen erbringen, umso mehr Gülle wird zwangsläufig produziert, die irgendwo ausgebracht werden muss. Man schätzt die Menge auf bis zu 300 Milliarden Liter pro Jahr in Deutschland. Zum Vergleich: Der gesamte Verbrauch von Wasser in privaten Haushalten Deutschlands liegt bei rund 10 Milliarden Litern pro Jahr.

Früher wurden Gülle und Mist von den Bauern am eigenen Hof zwischengelagert und bei Bedarf am Feld ausgebracht, je nachdem, wie viel der Boden gerade aufnehmen konnte und brauchte. Die Feldfrüchte verbrauchten die wichtigen Nährstoffe dieses organischen Düngers wie Phosphat, Kalium und Magnesium. Was davon nicht als Nahrungsmittel diente, wurde wiederum zu Futter für die eigenen Tiere. Ein guter und weitgehend in sich geschlossener Kreislauf auf den Höfen, der über viele Jahrhunderte funktionierte, mittlerweile aber völlig aus dem Ruder gelaufen ist.

Denn in der Intensivtierhaltung stammt das Futter zu einem gewichtigen Teil nicht vom eigenen Betrieb. Vor allem bei Schweinen, in Deutschland auch bei Rindern, greifen die Großbetriebe auf importiertes Kraftfutter wie Soja zurück. Die enorme Menge an Gülle kann auf den eigenen Feldern oft nicht mehr zur Gänze ausgebracht werden, da es Beschränkungen für die erlaubte Menge an ausgebrachter Gülle gibt. So entsteht ein regelrechter »Gülletourismus«, also die Verbringung von großen Mengen an Gülle in andere Regionen innerhalb des eigenen Landes oder auch grenzüberschreitend. Das wurde zum großen Geschäft, es gibt inzwischen eigene »Güllebörsen«.

Denn Bauern können sich einiges dazuverdienen, wenn sie fremde Gülle lagern oder auf ihren Feldern ausbringen. Jedes Jahr finden unzählige Transporte innerhalb von Deutschland statt, nach Deutschland werden Zigtausende LKW-Ladungen an Gülle aus Ländern wie Holland importiert. Damit werden auch Maßnahmen zum Schutz von Böden und Gewässern konterkariert, die nachweislich nicht greifen, wie Messungen des Grundwassers zeigen. In Deutschland werden bei mindestens 20 Prozent aller Messstellen die Grenzwerte für Nitrat deutlich überschritten, in der Nähe von Ackerflächen sind es sogar bis zu 30 Prozent. Und trotz zahlreicher Schutzmaßnahmen sinken die Werte nicht.

Das wachsende gesellschaftliche Bewusstsein für den Schutz der Natur, aber auch der eigenen Gesundheit, führt zu strengeren gesetzlichen Normen. Oder zumindest zu entsprechenden Vorhaben auf nationaler wie europäischer Ebene, die teils entschieden von Interessenverbänden bekämpft werden. Doch spätestens, wenn die Folgen der Nitratbelastung der Böden für Endverbraucher spürbar werden, etwa über höhere Trinkwasserpreise, wird die Politik handeln müssen. Denn die Kosten für Wasseraufbereitung steigen bereits von Jahr zu Jahr. Laut Schätzungen drohen viele Milliarden an Folgekosten in diesem Bereich.

Auch hier zeigt sich wieder, wie stark unser Teller die Welt verändert. Das System Massentierhaltung bringt Unmengen an billigem Fleisch hervor. Es ist spottbillig, weil die Tiere schlecht behandelt werden und ihr Futter auf ökologischem Raubbau basiert. Weil ihm kein Wert mehr zugeschrieben wird, weil wir auf Geiz-ist-geil getrimmt sind und Aktionspreise uns zum Zugreifen verleiten, wo wir es gar nicht brauchen, landet es unverbraucht im Müll. Und übrig bleibt der Dreck der Tiere, die Masse an Abfall, die irgendwohin gebracht werden muss. Also wird sie auf den Boden geschüttet, der das nicht mehr aufnehmen kann und krank wird. Ein verrückter Kreislauf.

Die ungeheuerliche Menge an Gülle ist ein Problem. Doch längst nicht das einzige. Auch die Diskussion rund um Pestizide ist voll im Gange und wird uns noch weiter beschäftigen. Obgleich in Österreich die Wassergüte größtenteils noch hervorragend ist, sind insbesondere in landwirtschaftlich intensiv genutzten Regionen einzelne Überschreitungen von Schwellenwerten bei Pestiziden im Grundwasser nachweisbar, in Deutschland ist die Situation in manchen Regionen bereits deutlich verschärft. Pflanzenschutzmittel und Schädlingsbekämpfungsmittel sind vor allem im Bereich von Monokulturen unerlässlich geworden, diese wiederum sind Ausprägung der hochindustrialisierten Landwirtschaft.

Das Unkrautbekämpfungsmittel Glyphosat hat traurige Berühmtheit erlangt und steht im öffentlichen Diskurs mittlerweile stellvertretend für chemische Gifte, welche eine Gefahr für Tiere, Natur und letztlich auch uns Menschen darstellen. Allein der Umstand, dass wir ein landwirtschaftliches System etabliert haben, das auf den Einsatz großer Mengen chemischer Gifte angewiesen ist, sollte uns nachdenklich machen. Es gibt Studien, die zeigen, dass 80 Prozent des konventionell angebauten Obstes und Gemüses deutliche Pestizidrückstände aufweisen. Das ist auch eine reale Gesundheitsgefahr.

Aber es ist anders gar nicht mehr möglich. Die Herstellung von Tonnen an Obst, Gemüse und Futtermitteln für die Erzeugung tierischer Lebensmittel funktioniert nur mit großen Eingriffen in die Natur, die gewisse Prozesse beschleunigen und Fehlentwicklungen abmildern sollen. Der Natur wird die Zeit genommen, die sie bräuchte, und sie wird mit einer Aufgabe belastet, die sie nicht stemmen kann, ohne darunter zu leiden. In dieser Produktionsweise, die auf Chemie und Genmanipulation angewiesen ist, entstehen auch immer größere Abhängigkeiten für die Landwirte. Eine Negativspirale, die man nicht so einfach anhalten kann, in der Konsumenten und Produzenten im gleichen Boot sitzen.

Ich will nicht zur Hysterisierung einer Debatte beitragen, die ohnehin von großen Emotionen geprägt ist. Und ich denke, es lassen sich im Netz genügend wissenschaftlich fundierte Beiträge zur Frage der Beschaffenheit von Böden und Gewässern in Europa finden. Aber ich möchte das Bewusstsein dafür schärfen, welche Folgewirkungen mit unserem gegenwärtigen Umgang mit der Natur verbunden sind. Denn was in den Boden gelangt, das gelangt auch in unsere Körper. Und auch in die unserer Kinder und Enkelkinder. Die Erde ist kostbarer Lebensraum für Milliarden von Insekten, sie ist aber am Ende auch die Grundlage unserer Existenz.

Nahrungsmittel vs. Lebensmittel

Es ist nicht immer leicht zu erkennen, was in unserem Essen steckt. Das bezieht sich nicht nur auf die Herkunft, sondern auch auf die Inhaltsstoffe. Ich habe mir im Laufe der Zeit angewöhnt, zwischen Nahrungsmitteln und Lebensmitteln zu unterscheiden. In erstere Gruppe fallen für mich jene Dinge, die mich zwar satt machen, von denen ich aber ausgehen kann oder muss, dass sie nicht sonderlich gesund sind. Hierzu zählen die allermeisten industriell verarbeiteten Speisen. Lebensmittel hingegen sind für mich reich an wertvollen Nährstoffen, sie machen mich nicht nur satt, sondern helfen meinem Körper, sich zu erneuern und gesund zu bleiben. Es ist eine subjektive Kategorisierung.

Und ohne jetzt vom Verteilungsverhältnis auf meinem eigenen Teller auf die Allgemeinheit zu schließen, lässt sich doch anhand der Menge von Junkfood und Fertigprodukten, die auf den Speiseplänen einer Mehrheit in unserer Gesellschaft steht, wohl sagen, dass die Nahrungsmittel bei Weitem überwiegen. Das hat große Auswirkungen, denn wir können über unsere Ernährung sowohl das Tierwohl mit beeinflussen als auch den Zustand der Natur und des Klimas. Und auch maßgeblich die Entwicklung der Landwirtschaft, wie wir später noch sehen werden. Aber ganz unmittelbar natürlich unsere körperliche und psychische Verfassung, denn unsere Ernährung ist die Grundlage unseres Lebens.

Und obwohl Essen und Trinken so bedeutsam für uns sind, kümmern wir uns viel zu wenig darum. Wir begnügen uns oftmals mit der Erreichung des Sättigungsgefühls, nehmen, was uns angeboten wird, oder lassen uns zumindest stark von Preis, Optik und Verfügbarkeit leiten. Auch wenn man bisweilen in Medienberichten und sozialen Netzwerken den Eindruck gewinnen könnte, dass eine Welle der bewussteren Ernährung um sich greift, von Slowfood und Rohkostküche bis zum Veganismus allerlei Trends gefrönt wird, dominiert immer noch die industriell verarbeitete Standardkost die Regale und damit die Teller. Auch die Verkaufszahlen im Handel sprechen eine deutliche Sprache.

Nehmen wir als Beispiel Bio-Produkte, die in der Regel gesünder und ökologischer sind. Selbst wenn der Bio-Anteil bei verkauften Lebensmitteln in Deutschland und Österreich immer noch Jahr für Jahr steigt, so befindet er sich bei gewissen Produktgruppen auf einem beschämend niedrigen Niveau. Am höchsten ist der Anteil bei Milch, Eiern und Gemüse, bei Schweinefleisch aber kommt er kaum über zwei Prozent hinaus. In Deutschland ist der Bio-Anteil noch niedriger als in Österreich. Bio-Lebensmittel machen in Österreich mittlerweile fast neun Prozent des Gesamtmarktes aus, in Deutschland sind es knapp über fünf Prozent. Pro Kopf geben die Schweizer bei Weitem am meisten Geld für Öko-Produkte aus.

Wenn man diese Zahlen mit der Präsenz von Bio und Öko in der Werbung vergleicht, macht einen das stutzig. Selbst Billigfleisch wird mit dem Bio-Idyll vermarktet und dadurch verschwimmen die Grenzen. Das ist kein Zufall: Niemand hat Interesse daran, ein Produkt zu kaufen, das es in der Form eigentlich gar nicht gibt, das ein Ergebnis des Zusammenspiels von Chemie und Technologie ist. Wir alle lieben die Vorstellung, dass wir die Früchte purer Natur konsumieren, doch in den seltensten Fällen machen wir das. Ein Widerspruch, den wir zu akzeptieren gelernt haben, und wir hinterfragen es auch nicht mehr. Das ist schade.

Auch wenn Bio nicht das Allheilmittel ist, so ist es doch in vielerlei Hinsicht besser als konventionell. Bei Gemüse und Obst ist das gut sichtbar, etwa wenn es um Pestizide geht. Eine Erhebung aus 2015 zeigt, dass Bio-Produkte im Schnitt hundertmal geringer mit Pestiziden belastet sind als konventionell erzeugte. Vergleichbare Untersuchungen aus Deutschland kommen auf ähnliche Ergebnisse, zum Teil ist der Unterschied sogar deutlich größer zugunsten von Bio. Manche der Pestizide, die sich als Rückstände in den Lebensmitteln finden, sind hormonell wirksame Chemikalien, die den Organismus beeinträchtigen. Die Spritzmittel gelangen also über die Nahrung in den Körper.

Ist ja auch logisch, dass sich das, was wir in den Boden pumpen, auch irgendwann in unserem Körper wiederfindet. Denn am Ende sind wir Teil eines ökologischen Kreislaufes. Und nirgends zeigt sich das so stark wie bei unserer Ernährung. Wir bewegen uns bei unseren Lebensmitteln schon lange nicht mehr im Einklang mit den Jahreszeiten, haben alles zu jeder Zeit verfügbar. Dafür werden gigantische Flächen zubetoniert oder mit Folien überzogen und große Mengen an Chemikalien eingesetzt. Ich habe mich schon oft gefragt, ob es wirklich ein Zeichen des Fortschritts ist, dass wir die Natur so weit gebracht haben, dass sie uns zu jedem Zeitpunkt alles gibt, was wir von ihr verlangen.

Das Ergebnis sind etwa Tomaten im Winter, die nach nichts schmecken. Sie werden im großen Stil in Spanien angebaut und über Tausende Kilometer zu uns gebracht. Über 20 Liter Wasser pro Kilogramm werden zur Herstellung verbraucht, bei uns sind es maximal drei Liter. Aber auch die bei uns erzeugte Winter-Gewächshaustomate ist nicht ideal, denn für die Beheizung und Beleuchtung werden fast immer Erdgas oder Erdöl, also fossile Ressourcen, eingesetzt. Grob geschätzt bis zu 100 Sommertomaten können wir essen für den Gegenwert einer Wintertomate. Das sollte uns doch zu denken geben, ob wir im Winter nicht zu anderem Gemüse greifen wollen.

Grundsätzlich kann man die konventionelle und die ökologische Landwirtschaft anhand der eingesetzten Pflanzenschutzmittel, des verwendeten Düngers, der Diversität im Anbau oder der Haltungsbedingungen bei Tieren unterscheiden. In der Bio-Landwirtschaft werden auch deutlich weniger Treibhausgase emittiert, dafür ist der Ertrag pro Fläche geringer. Bio-Lebensmittel sind nicht zwingend gesünder für uns Menschen, aber ihre Herstellung wirkt sich insgesamt positiv auf unser Ökosystem aus. Und auch das macht einen Unterschied, denn wir sind nicht voneinander abgekoppelt. Ich denke, wir sollten daher, gerade wenn es ums Essen geht, immer auch eine ganzheitliche Betrachtung einfließen lassen.

Industriell gefertigte, stark verarbeitete Nahrungsmittel weisen eine Vielzahl von Zusatzstoffen auf. Denn um den Geschmack auch über längere Zeit zu gewährleisten und die Haltbarkeit möglichst lange auszudehnen, braucht es eine Reihe von Zusätzen. Aromen, Geschmacksverstärker, Konservierungsstoffe und meist auch viel zu viel Fett, Zucker und Salz. Die Zusatzstoffe, die Speisen färben, ihren Geschmack verstärken oder sie länger haltbar machen, werden in der sogenannten E-Liste zusammengefasst. Über 300 sind es in Europa und es werden mehr. Und so kann es gut sein, dass in einem Erdbeerjoghurt keine Erdbeere enthalten ist, auch wenn er stark danach schmeckt.

Manche Geschmäcker sind in der Natur so überhaupt nicht vorhanden, sondern wurden gänzlich künstlich kreiert. In der industriellen Verarbeitung verlieren viele Lebensmittel ihren ursprünglichen Geschmack und müssen auf dem Weg zum Nahrungsmittel mit allerlei chemischen Zusätzen wieder aufgeladen werden, etwa Glutamat oder Aspartam. Am Ende entstehen Produkte, die mit ihrer Bezeichnung nichts mehr zu tun haben, etwa Tütensuppen oder Müsliriegel. Und leider verfüttern wir dieses Nahrungsmittel nicht nur an uns selbst, sondern auch an unsere Kinder. Dafür sorgen die prallen Werbebudgets der Konzerne, die mit allerlei Tricks eine Scheinwelt vorgaukeln.

Bestes Beispiel dafür ist die berühmte Haselnuss-Creme. Wir alle kennen sie. In der Werbung wird mit herrlichen Nüssen, frischer Milch und köstlichem Kakao geworben, meist geben sich fürstlich entlohnte Sportstars dafür her. Die Realität hinter diesem Schein ist ein recht geringer Kakao-Anteil von schätzungsweise sechs bis sieben Prozent, ein Magermilchpulver-Anteil von rund acht Prozent, ein Haselnuss-Anteil von etwas über zehn Prozent und ein Zuckeranteil von über 55 Prozent. Und dann kommt noch das Palmol dazu: Über 20 Prozent soll es pro Packung ausmachen. Dieses Palmöl führt zu der glänzenden Textur und der hohen Streichfähigkeit. Doch es ist alles andere als ungefährlich.

Das Öl aus der Palme

Palmöl ist allgegenwärtig. Es steckt im Eis, in der Tiefkühlpizza und im veganen Käse, in Fertigsuppen und Babynahrung, in Lippenstiften und Waschmitteln. Und im Treibstoff. Der Großteil der weltweit erzeugten Menge an Palmöl landet jedoch in Nahrungs- und Futtermitteln. Kein pflanzliches Öl wird weltweit häufiger verwendet, schätzungsweise enthält jedes zweite Produkt im Supermarkt Palmöl. Dabei ist es sehr ungesund, weil es viele gesättigte Fettsäuren enthält. Es wird nicht nur aufgrund seiner vielfältigen Einsatzmöglichkeiten so intensiv genutzt, sondern vor allem, weil es spottbillig ist. Jedenfalls für die Industrie im Einkauf. Die wahre Rechnung sieht ganz anders aus.

Palmöl ist in den letzten Jahren nicht grundlos zum Inbegriff von ökologischem Raubbau geworden. Die ursprünglich in West-Afrika beheimatete Ölpalme wächst schnell und hat einen hohen Ertrag. Aus einer vergleichsweise geringen Fläche, man benötigt nur rund zehn Prozent der Fläche, die man zur Gewinnung von Soja-Öl braucht, kann also viel Profit herausgeholt werden. Doch der Schaden für Natur und Klima ist gewaltig. So gehen Umweltorganisationen davon aus, dass die Palmölproduktion durch desaströse Begleiterscheinungen, etwa die Abholzung von Wäldern und die Trockenlegung von Moorböden, mit zu den klimaschädlichsten landwirtschaftlichen Prozessen überhaupt zählt.

In Europa werden laut Studien bis zu 23 Kilo Palmöl pro Kopf und Jahr verbraucht, inklusive Sprit, Lebensmittel und Kosmetika. Und der Verbrauch steigt weiter an. Die Nachfrage boomt. Um noch mehr Anbauflächen zu erschließen, werden systematisch Wälder angezündet. Die gelegten Brände und illegalen Rodungen sind so umfassend, dass mittlerweile bis zu 700 Fußballfelder an Waldfläche verloren gehen. Pro Tag. Ölpalmen werden zum Großteil in riesigen Plantagen angebaut, die mehrere Tausend Hektar Land umfassen können. Diese sind nicht im Besitz von Kleinbauern, die oft enteignet oder vertrieben wurden, sondern gehören milliardenschweren multinationalen Konzernen.

Palmöl wird auch zur Erzeugung tierischer Lebensmittel genutzt, es wird etwa in der Mast von Kälbern eingesetzt. Man entkommt ihm also derzeit kaum, auch wenn die öffentliche Debatte in den letzten Jahren bei vielen Menschen zu einem Umdenken geführt hat. In der Regel erfährt man aber gar nicht, wo überall Palmöl eingesetzt wurde, und kann daher nicht über den eigenen Konsum steuernd einwirken. Hier ist eindeutig die Politik gefordert, in entsprechenden Handelsverträgen mit Produktionsländern dafür zu sorgen, dass einerseits die Produktionsrichtlinien eingehalten werden und andererseits die Konsumenten über die Inhaltsstoffe besser aufgeklärt werden.

Der Großteil des globalen Palmöls wird auf Plantagen in Indonesien und Malaysia gewonnen, viele davon illegal errichtet. Die riesigen Flächen für den Anbau werden zulasten des artenreichen Regenwaldes und von Moorböden erschlossen. Weltweit ist bereits jetzt eine Fläche, mehr als doppelt so groß wie Österreich, mit Ölpalmen bepflanzt. Damit verbunden ist nicht nur eine enorme Umwelt- und Klimabelastung, sondern auch der Tod von Millionen von Tieren. Denn das ökologische Gleichgewicht kippt durch die Austrocknung der Böden und Monokulturen. Die unvergleichliche Artenvielfalt in den Regenwäldern der Erde geht für immer verloren. Zum Gesicht dieses Niedergangs wurde unter anderem der Orang-Utan.

Man geht davon aus, dass ihre Population auf Borneo um 150.000 Tiere zurückgegangen ist, mittlerweile leben dort wohl kaum noch 100.000 dieser wunderbaren Menschenaffen. Der Grund dafür liegt in der Abholzung, denn Orang-Utans bauen ihre Nester in Baumkronen tropischer Regenwälder. Sie bleiben oft über lange Zeit in den Bäumen, ernähren sich von Rinden und Blättern. Doch nachdem in Borneo in den letzten Jahren eine Fläche abgeholzt wurde, die größer ist als Bayern, schwindet der natürliche Lebensraum. War bis ins 19. Jahrhundert fast ganz Borneo mit Wald bedeckt, ist es mittlerweile kaum noch die Hälfte.

Die Orang-Utans sind also vom Aussterben bedroht, weil das Palmöl boomt.

Und es boomt, weil wir es kaufen. Dabei wissen im Grunde sehr viele Menschen inzwischen, wie schädlich Palmöl ist. Doch auch auf dieses wachsende Bewusstsein haben jene, die mit der Zerstörung der Welt viel Geld verdienen, eine Antwort gefunden. Ein beliebter Trick besteht darin, dass sich Konzerne zusammenschließen, um ein beliebiges Gütesiegel zu erfinden, womit sie ihre Produkte ausstatten. Dadurch soll der Schein erweckt werden, dass ihre Produkte nicht ganz so schädlich seien. Bei Palmöl passiert das im großen Stil.

Die größten Verbraucher-Konzerne der Welt haben sich in einem Gremium zusammengetan und mit Hilfe einer sehr bekannten Naturschutzorganisation ein neues Label kreiert. Damit möchten sie die Öffentlichkeit glauben machen, dass nun alles in Ordnung ist, dass Menschenrechtsverletzungen, Naturschäden und Artensterben unter Kontrolle wären. Geändert hat sich kaum etwas, die Palmöl-Produktion bleibt ein dreckiges Geschäft. Unabhängige Journalisten haben diese Machenschaften mittlerweile gut dokumentiert. Nachzulesen ist das etwa bei Kathrin Hartmann, die selbst in Borneo und anderswo unterwegs war und sich die perfiden Tricks der Konzerne genau angesehen hat.

Sie zeigt auch auf, wie globale Umweltschutzorganisationen längst Teil der Maschinerie, also der ökologischen Schönfärbung der Konzerne, geworden sind – auch wenn sie das mitunter in bester Absicht machen. Das macht es für uns Verbraucher noch schwieriger. Denn wir alle sind mittlerweile gewöhnt, dass uns die Werbung etwas vorgaukelt. Die heile Welt, die in den Marketing-Abteilungen gestaltet und in Inseraten und Spots zu uns nach Hause gebracht wird, die gibt es nicht. Aber wenn man sich nicht einmal mehr auf das Urteil der NGOs verlassen kann, die sich dem Schutz von Natur, Klima und Tieren verschrieben haben, worauf dann?

Das war für mich eine der erschreckendsten Erkenntnisse bei diesem Thema.

Ich kann verstehen, dass NGOs unter Druck stehen, ihre wichtige Arbeit mit Spendengeld zu finanzieren. Ich kann auch verstehen, dass sie deswegen Kooperationen mit Unternehmen eingehen, Sponsoring-Gelder annehmen oder auf andere Weise zusammenarbeiten. Das ist grundsätzlich nicht schlecht, schließlich sollen sich am Ende das Wissen und Bewusstsein auch in der Wirtschaft niederschlagen. Aber man muss aufpassen und über die Zeit stets kritisch bleiben, damit nicht einem Gütesiegel der Anschein von Glaubwürdigkeit verliehen wird, welches Konzerne dann nutzen, um ihre Aktivitäten trotzdem strukturell unverändert durchzuführen. Umso wichtiger ist es, dass wir selbst zu mündigen KonsumentInnen und BürgerInnen werden.

Wir dürfen uns nicht nur auf die NGOs verlassen, sondern müssen das auch selbst in die Hand nehmen. Und wir können uns leider auch nicht nur auf die Politik und den Staat verlassen, wo Konzerne nachweislich einen unglaublichen Einfluss haben und in manchen Fällen sogar mit einer Heerschar von Lobbyisten die Gesetzgebung beeinflussen. Ich weiß, dass das eine unbefriedigende Nachricht ist, denn die wenigsten von uns haben Zeit, sich intensiv mit Recherche zu beschäftigen, um hinter die Tricks der Konzerne zu kommen. Aber letztlich sollten wir die Angelegenheit zu einer persönlichen Sache erklären. Überlassen wir die Deckung unseres Tisches nicht jenen, die das schnelle Geld im Sinn haben und sich um Tiere, Menschen und Natur nicht kümmern.

Das gilt nicht nur für Palmöl, sondern für alle Lebensmittel. Und generell für unseren gesamten Konsum. Je mehr wir uns von der Natur entfernen und je mehr wir Prozesse wie die Herstellung von Lebensmitteln aus den Augen verlieren, je mehr wir uns auf die Versprechungen der Werbung und irgendwelche Gütesiegel verlassen, umso mehr werden wir getäuscht. Und mit jeder dieser Täuschungen geht nicht nur eine Gefährdung der Umwelt, der Tiere und des Klimas einher, sondern auch unserer Gesundheit. Das Palmöl im beliebten Haselnuss-Aufstrich zeigt diese Zusammenhänge gut auf, aber es gibt noch viele andere Beispiele, die längst feste Bestandteile unseres Alltags geworden sind.

Plastik, Plastik, Plastik

Unsere Entfremdung von der Natur treibt mitunter obskure Blüten. Betreten wir dazu einen idealtypischen Supermarkt, ganz gleich ob am Land oder in der Großstadt. In den Kühlregalen finden sich immer mehr vorgefertigte Produkte. Damit meine ich nicht nur die Tiefkühlpizza, sondern etwa das vorgeschnittene Obst. Da wird die über Tausende Kilometer hinweg importierte Ananas oder Melone von ihrer natürlichen Schutzschicht befreit, was die Haltbarkeit der Frucht dramatisch verringert. Und um diese dann doch wieder zu gewährleisten – man kann ja nicht alles auf einmal verkaufen –, wird das Obst in eine schützende Plastikschicht eingewickelt und landet im Regal.

Und dann, unverbraucht und inzwischen ungenießbar, im Mülleimer. Mir ist klar, dass es unsere Bequemlichkeit ist, die dazu geführt hat, dass wir mit derlei Unsinn konfrontiert sind. Wir können nicht alles auf die Konzerne schieben, die letztlich auch nur das verkaufen können, was wir ihnen abnehmen. Aber ich bin mir nicht sicher, ob wir alles gestatten sollen. Als Gemeinschaft. Wenn wir sehen, dass das Ganze immer groteskere Formen annimmt, dass die Mülleimer immer mehr überquellen, dann sollten wir uns überlegen, ob wir nicht den Staat regulierend einsetzen. Manchmal ist das Kollektiv doch bereitwilliger als der Einzelne, sich für den Schutz der Natur stark zu machen.

Oder Schokolade. Zu Ostern finden sich nette kleine Eier aus Schokolade massenhaft in den Supermärkten. Sie sind eingewickelt in Alufolie, deren Herstellung schon ein ökologischer Horror ist. Doch dann wird den Eiern auch noch ein Plastiklöffel angehängt und die Eier samt Löffel werden erneut in eine Plastikhülle gepackt. Am Ende kommt auf ein bisschen Schokolade ganz viel Aluminium und noch mehr Plastik. Die Umwelt- und Klimabilanz dieser Schoko-Eier ist der pure Wahnsinn, aber sie sind spottbillig, denn die Rechnung zahlen bekanntlich die Natur und die nachfolgenden Generationen. Günstiger Gaumengenuss für einige Sekunden, erkauft mit Hunderten Jahren an Umweltbelastung.

Denn Plastik verrottet nicht. Eine Plastikflasche braucht über 450 Jahre, um abgebaut zu werden. Unsere ganze Umwelt ist voll mit Plastik. Die beliebten Coffee-to-go-Becher, Strohhalme oder Plastikgabeln liegen massenhaft in den Parks und Wiesen der Städte. Es ist in manchen Großstädten schon so viel Plastikmüll in der Wiese, dass der Grasschnitt als Sondermüll entsorgt werden muss. Weil viele Menschen einfach sorglos mit ihrem Müll umgehen, weil sie beim Wegwerfen die Mülltonne verfehlen oder der Wind die Plastiktaschen durch die Luft wirbelt, bis sie sich in irgendwelchen Sträuchern verfangen.

Plastik ist eine echte Plage geworden, die oft gar nicht sichtbar ist, denn die Kunstfasern in der Kleidung, die sich bei jedem Waschgang lösen, oder das Mikroplastik in Kosmetika gelangen in unser Wasser. Und damit über Umwege in die Flüsse, weil nicht alles herausgefiltert werden kann. Allein im Wasser der Donau schwimmen jährlich über 40.000 Kilo Plastik, viel davon gelangt ins Schwarze Meer. Und diese Zahlen stammen aus dem Jahr 2015. Das Ausmaß an Plastik in den Weltmeeren ist mittlerweile so groß, dass Umweltorganisationen davor warnen, dass bis zum Jahr 2050 mehr Kunststoff als Fische in den Meeren sein könnte. Hunderte Millionen Tonnen Plastik lagern auf den

Meeresböden oder schwimmen umher, jedes Jahr kommen viele Millionen Tonnen hinzu.

Vor einiger Zeit sorgte ein kurzes Video im Netz für große Aufregung. Man sah einen randvoll mit allerlei Müll beladenen Kleinlaster, der sich langsam einem Steg näherte. Direkt neben einer Traube von Menschen drehte er gemächlich um und kippte dann die gesamte Ladung Müll ins Wasser. Dann fuhr er wieder weg und der nächste Kleinlaster kam herangefahren. Angeblich stammt die Aufnahme aus Indien und sie sorgte aus zwei Gründen für große Aufregung und heftige Diskussionen: erstens wegen des Umstands, dass Müll einfach so ins Wasser gekippt wird. Und zweitens, weil das mitten am Tag passierte, vor den Augen der Menschen. Als wäre es das Selbstverständlichste auf der Welt.

Leider ist es das auch. Denn Schätzungen zufolge gelangt jede einzelne Minute so viel Plastik in die Ozeane, wie ein ganzer Müllwagen aufnehmen kann. Wenn wir nichts ändern, wird die Menge bis zum Jahr 2030 auf zwei Wagenladungen pro Minute ansteigen, bis zum Jahr 2050 könnten es schon vier Wagenladungen pro Minute sein. Und das ist nicht nur ein in Indien oder Asien verursachtes Problem. Überall auf der Welt wird Müll produziert, in den Industrieländern sogar weitaus mehr als im globalen Süden. Und auch wenn wir über Kläranlagen und Mülldeponien verfügen, wenn wir in Mitteleuropa teils hervorragende Recyclingsysteme entwickelt haben, sind wir doch leider immer noch große Umweltsünder.

Laut Umweltorganisationen finden sich auf 100 Metern Strand am Mittelmeer, also in unserem unmittelbaren europäischen Einflussbereich, durchschnittlich 91 Plastikflaschen, 31 Einwegpackungen, 131 Stück Einweg-Geschirr, 78 Plastiktaschen, 37 Wattestäbchen und 110 Plastikdeckel. Diese gewaltige Menge an Plastikmüll liegt auf nur wenigen Metern Strand. Über 80 Prozent des Mülls an europäischen Stränden besteht aus Plastik und es wird immer mehr. Im

Gegensatz zum Clip aus dem Netz wird der Müll an europäischen Stränden aber nicht mit Kleinlastern abgeladen. Er wird von Millionen Strandbesuchern jedes Jahr mitgebracht und liegen gelassen.

Und zwar auch mitten am Tag, unter den Augen vieler anderer Menschen. Die Unachtsamkeit gegenüber der Natur und die daraus resultierenden ökologischen Folgen haben viele Gesichter und unterschiedliche Ausformungen, aber am Ende das gleiche Ergebnis. Der Müll gelangt nach und nach in die Meere und bildet dort gigantische Teppiche, die den Grund wie die Oberfläche bedecken. Der größte dieser schwimmenden Meeresteppiche aus Müll, der »Great Pacific Garbage Patch«, ist aktuell ungefähr so groß wie die gesamte Landesfläche des Irans. Das ist die fünffache Größe von Deutschland oder die zwanzigfache Größe von Österreich. Und er wird ständig größer.

Es kommt also immer mehr Plastik in die Weltmeere, vergiftet das Wasser und tötet das Leben darin ab. Hunderttausende Meeressäuger und Millionen Meeresvögel verenden jedes Jahr am Plastikmüll. Sie fressen ihn, weil sie ihn für Nahrung halten. Das Plastik gelangt so in den Magen, führt zu tödlichen Verletzungen oder füllt den Magen so stark, dass keine Nahrung mehr hineinpasst. Immer mehr Vögel und Fische werden tot aufgefunden, die Bäuche gefüllt mit Plastikmüll. Auch weggeworfene Fischernetze oder der Müll von Schiffen werden zur tödlichen Falle für die Tiere. Die Plastikgabel im Fertigsalat legt mitunter weite Strecken zurück. Es sollte uns bewusst sein, dass wir die Verbreitung des Mülls derzeit weder ausreichend kontrollieren noch beschränken.

Eines der für mich stärksten Fotos, das ich in dem Zusammenhang gesehen habe, war das einer großen alten Schildkröte, deren mächtiger Panzer um einen kleinen Plastikring gewachsen ist. Als kleine Schildkröte hat sie sich darin verfangen, über all die Jahre ist sie immer größer geworden und der Körper hat sich daran angepasst und den Ring quasi integriert. Wir erkennen daran, wie das Plastik unsere Tierwelt regelrecht fesselt und knechtet. Aber es gibt viele dieser Fotos und sie schockieren uns für einen Augenblick. Aber dann schauen wir wieder weg und das nächste Mal, wenn ein Berg Plastik vor uns auf dem Küchentisch liegt, haben wir den Bezug wieder vergessen.

Gefährlich am Plastik sind auch die beigemischten Zusatzstoffe wie etwa Weichmacher oder Flammschutzmittel. Sie treten über die Zeit aus und gelangen in die Umwelt und über Umwege in den menschlichen Organismus. Sie können das Hormonsystem beeinflussen, manche behaupten auch, dass sie zu einem höheren Krebsrisiko und Unfruchtbarkeit führen können. Plastik ist also nicht harmlos und wir sollten es tunlichst vermeiden, wo wir nur können. Auch hier ist die Politik gefordert, denn eine derart desaströse Entwicklung sollte nicht dem »freien Markt« überlassen werden. Plastiktaschen-Verbote, wie sie in Europa nun kommen, können nur die ersten Schritte sein.

Die marokkanische Nordsee-Garnele

Ein weiteres sehr eindrückliches Beispiel dafür, welche Dimensionen globalisierte Warenströme mittlerweile angenommen haben, sind die Krabben aus der Nordsee. Als ich die Geschichte zum ersten Mal gehört habe, dachte ich zunächst daran, dass es sich tatsächlich nur um eine Geschichte handeln könnte. Zu verrückt schien für mich die Vorstellung, dass man Arbeitsteilung derart auf die Spitze treiben könnte. Aber leider lehrt uns die Realität, gerade im Bereich der industrialisierten Nahrungsmittel-Erzeugung, dass oftmals alles, was rein theoretisch möglich wäre, auch möglich gemacht wird. Und zumeist steht dabei nicht die Qualität, sondern nur der schnelle Profit im Vordergrund.

Die Geschichte dieser »marokkanischen« Krabben beginnt unter anderem auf beschaulichen kleinen Kuttern im deutschen Wattenmeer, deren Buge so klingende Namen wie »Gerda«, »Ramona« oder »Seehund« zieren. Die Krabbenfischerei ist hier bereits seit dem 17. Jahrhundert verbreitet und stellt mit jährlich zig Millionen Euro an Umsatz einen relevanten Wirtschaftsfaktor im Norden Deutschlands dar. Die Hauptsaison ist der Herbst. Der Fang wird von Hunderten Krabbenfischern durchgeführt, die sich 2012 in einer Erzeugergemeinschaft selbst organisiert haben, um sich so in eine stärkere Verhandlungsposition gegenüber den Einkäufern aus dem Großhandel zu versetzen.

Bis zu 150 Fahrten unternimmt ein Kutter pro Jahr in diesen Gewässern. Glaubt man den Krabbenfischern, dann läuft hier alles vergleichsweise nachhaltig ab. So wird gezielt auf Netze gesetzt, die den Beifang verringern. Man fährt mit niedrig motorisierten Kuttern auf See und macht auch sonst sehr viel, um das begehrte MSC-Siegel zu erhalten. Das »*Marine Stewardship Council*« vergibt ein Zertifikat für nachhaltig gefangenen Wildfisch. Dieses Siegel wurde vor 20 Jahren vom Großkonzern Unilever in Zusammenarbeit mit dem WWF ins Leben gerufen und zeichnet Betriebe aus, die besonders nachhaltig fischen. Inzwischen sieht der WWF das Siegel übrigens kritischer und mahnt dringend Verbesserungen ein.

Aber darum geht's hier nicht primär. Denn bislang bewegen wir uns noch in einem relativ geordneten Rahmen, wo man zwar immer nach Weiterentwicklung streben sollte, aber wohl gemeinhin noch nicht von ökologischem Raubbau sprechen kann. Doch nachdem die Krabben an Bord gebracht, dort gekocht und dann bis zu drei Tage im Kühlraum gelagert wurden, werden sie zu den Siebstellen an Land gebracht. Nachdem sie dort sortiert wurden, geht die Reise weiter zu den Großhändlern. Einige wenige, vorwiegend holländische Unternehmen besitzen im europäischen Garnelenbusiness eine marktbeherrschende Stellung. Und sie setzen nicht auf Nachhaltigkeit, sondern auf Gewinnmaximierung.

Denn die Garnelen werden von Deutschland aus bis nach Marokko transportiert, um dort von Hand geschält zu werden. Hunderttausende Kilo der gekühlten Meeresbewohner reisen jede Woche in LKWs Tausende Kilometer weit, damit am nördlichsten Rand des globalen Südens der nächste Schritt in der Verarbeitungskette gesetzt werden kann. Von Menschen, die so billig arbeiten müssen, dass sie damit die europäischen Arbeitskräfte dramatisch unterbieten. Für etwa sechs Euro pro Tag, also rund 150 Euro pro Monat, schuften vorwiegend Frauen in der Entschalung der Krabben im marokkanischen Tanger. Von Deutschland geht's also zunächst durch Holland, Belgien, Frankreich, Spanien und über das Mittelmeer.

Und dann die Strecke im Rekordtempo wieder retour. Denn die geschälten Garnelen werden binnen kürzester Zeit in Lake konserviert und treten dann in Fünf-Kilo-Tüten verpackt die Heimreise an. Fast den ganzen Weg geht es im Transporter wieder zurück, mit vorläufiger Endstation irgendwo in Holland, wo die Krabben verbrauchergerecht verpackt und anschließend in den Handel gebracht werden. Was ökologisch eine gigantische Rechnung hinterlässt, gibt es für die Produzenten zum Spottpreis. Der Transport auf der Straße ist immer noch günstig, die Fahrer sind es auch. Und die Arbeiterinnen in Marokko schaffen täglich riesige Mengen, was den Stückpreis für die gepulte Garnele in den Keller stürzen lässt.

Die Verbraucher erfahren davon in der Regel nichts. Es widerspricht dem logischen Denken, dass Lebensmittel derart lange Reisen antreten müssen, nur um kostengünstiger verarbeitet zu werden. Dabei wäre es für die Ökologie ein wichtiger Beitrag, wenn die Verarbeitung der Garnelen vor Ort erledigt werden könnte. Doch solange es viel, viel günstiger ist, Tonnen an Tieren aus dem Meer von einem Kontinent zum anderen zu verbringen, nur um dort geschält zu werden, so lange wird es weiterhin gemacht werden. Für mich unterstreicht dieses Beispiel nur die Notwendigkeit einer strukturellen Reform, die letztlich dazu führt, dass Produktionsweisen gefördert werden, die auch im Sinne von Natur und Umwelt sind.

Resi, die Turbokuh

Generell müssen wir uns die Frage stellen, wie viel wir dem undurchsichtigen und recht komplexen Spiel von Angebot und Nachfrage überlassen, uns also als steuernde KonsumentInnen verstehen. Und wie stark wir auch als BürgerInnen auftreten und in Prozesse eingreifen wollen, die nachweislich aus dem Ruder laufen. Das betrifft die Plastik-Flut auf der einen Seite, das betrifft aber vor allem den Bereich der Nahrungsmittelherstellung. Manches erfahren wir als Konsumenten gar nicht, können also keine bewusste Entscheidung treffen. Hier braucht es einerseits mehr Transparenz, andererseits klare gesetzliche Ordnungsrahmen.

Ich möchte hierzu ein Beispiel aus der landwirtschaftlichen Nutzung von Tieren heranziehen, das aus meiner Sicht gut verdeutlicht, wie sich unser System immer stärker auf die Maximierung des Profits für einige wenige ausrichtet. Mit dramatischen Folgen für die vielen, vor allem für die Tiere und die Natur, aber letztlich auch für uns und unsere Nachkommen. Um dieses System zu beleuchten und falsch zu finden, muss man weder die landwirtschaftliche Nutzung von Tieren per se ablehnen noch Vegetarier sein oder vegan leben. Darum geht es hier nicht. Ich möchte vielmehr zeigen, wie eine an sich natürliche und wertvolle Sache zu einer völlig naturfeindlichen Angelegenheit wurde.

Begegnen wir hierzu Resi. Resi ist eine Kuh, wie wir sie an vielen Orten in Deutschland und der Schweiz antreffen können, mitunter auch in Österreich. Resi ist ein schönes und gewaltiges Tier, das aber auch seltsam aussieht. An manchen Stellen ist sie dünn, richtig ausgemergelt, an anderen Stellen ihres Körpers erscheint sie prall, als würde sie jeden Moment platzen. Genauer gesagt am Euter. Der ist so riesig, dass sie sich nur noch schwer bewegen kann. Resi hat auch deswegen durchgehend Schmerzen. Kein Wunder, sie muss ständig Milch produzieren. Bis zu 40 Liter pro Tag, und zwar jeden Tag. 500 Liter Blut müssen zur Erzeugung eines einzigen Liters durch ihren Euter gepumpt werden.

Das ist ein riesiger körperlicher Kraftakt, den Resi für uns Menschen erbringt, der von ihr seinen Tribut verlangt. Weil sie rund um die Uhr arbeitet, lebt sie nicht nur unter Schmerzen, sondern auch nicht sehr lange. Bis zu 20 Jahre könnte Resi alt werden, doch sie wird wohl maximal fünf Jahre alt. Das liegt an der Unmenge an Milch, die sie produzieren muss, an der Beanspruchung ihres Körpers. Um diese riesige Leistung zu erbringen, braucht es viel Futter. Viel Kraftfutter, um genau zu sein, also Soja und Mais, bis zu 50 Kilo pro Tag. Es sind bis zu 50.000 Kalorien pro Tag, die Resi verbraucht, um so viel Milch herzustellen. Resi gibt im Grunde weit mehr, als sie körperlich verträgt.

Und trotzdem ist sie ständig hungrig, denn obwohl sie so viel Kraftfutter zu sich nimmt, verbraucht die Erzeugung der Milch noch mehr. Diese »negative Energiebilanz«, wie es in der Landwirtschaft heißt, wird durch den kontinuierlichen Raubbau an ihrem Körper ausgeglichen. Und das zehrt sie irgendwann völlig auf. Die Folgen sind nicht nur großer Stress, sondern auch allerlei Erkrankungen. Etwa am Euter, an den Klauen und am Magen bis hin zur Unfruchtbarkeit. Am Ende ihres in diesem System künstlich verkürzten Lebens wird Resi körperlich völlig kaputt sein. Und sie wird bis dahin auch nicht viel erlebt haben. Denn ihr ganzer Lebensinhalt ist fressen und Unmengen an Milch produzieren.

Milch, die eigentlich für die Kälber gedacht ist, die Resi in ihrer Lebenszeit auf die Welt bringt. Von denen sie mit keinem zusammenleben darf, die sie auch nicht lange zu sehen bekommt. Die zum Ramschpreis ins Ausland verkauft werden, weil sich ihre Aufzucht bei uns nicht rechnen würde. Deswegen werden sie auf die Lastwägen geladen und in stundenlangen Tiertransporten bis in den Libanon gebracht. Als wäre die Fahrt über Tausende Kilometer hinweg nicht schon schrecklich genug für diese jungen Tiere, werden sie am Zielort auch mitunter brutal misshandelt. Die betäubungslose Schächtung steht in vielen arabischen Ländern auf der Tagesordnung.

Das Ganze stellt nicht nur eine krasse Missachtung der Würde, Gesundheit und des Wohlbefindens eines Lebewesens dar, was den bei uns geltenden Tierschutzgesetzen widerspricht, sondern ist auch vollkommen unnatürlich. Denn um ihr eigenes Kälbchen zu säugen, bräuchte Resi nur acht Liter Milch pro Tag. Diese Menge wäre für sie leicht herstellbar, ohne all die negativen Effekte. Doch sie ist zum Teil einer unerbittlichen Maschinerie gemacht worden, in der Milch zur Ramschware verkommen ist und nur noch die Menge zählt. Über 12.000 Liter Milch pro Jahr, das sind 40 Liter pro Tag, müssen diese »Turbokühe« wie Resi mittlerweile abliefern.

Und es wird immer mehr. In den 1920er-Jahren lag die durchschnittliche Milchleistung pro Kuh in Deutschland bei rund 2.000 Litern pro Jahr. Das sind auf die Zeit der Säugung gerechnet rund sieben Liter pro Tag, also in etwa jene Menge, die der natürlichen Milchgabe entspricht. In den 1950er-Jahren lag die Milchleistung im Schnitt schon bei rund 6.000 Litern pro Kuh und Jahr. Danach steigerte sich aufgrund des technologischen Fortschritts und daraus resultierender Möglichkeiten, etwa mittels künstlicher Besamung, die Leistung kontinuierlich. Und nun sind wir bei den Turbokühen wie Resi angelangt, die in Wahrheit kein Leben mehr leben, sondern zu Objekten degradiert wurden.

Unsere Resi würde man heute in den Ställen übrigens vergeblich mit ihrem Namen suchen, sie ist zur reinen Zahlenträgerin geworden. Manche Bauernvertreter meinen, diese Entfremdung von der Natur, auch in Form der Hochleistungszucht, wäre das Resultat der mangelnden Kaufbereitschaft der Konsumenten. Demnach würde der Konsument die billige Milch verlangen, weswegen nach Gesichtspunkten der Leistungssteigerung statt nach Kriterien wie Qualität, Tierwohl oder Umweltverträglichkeit produziert würde. Darin mag Wahrheit stecken, denn wir geben immer weniger Geld für unsere Nahrungsmittel aus, während wir bereit sind, für Unterhaltung und andere Dinge einiges zu investieren.

Und wir haben gelernt, die Verantwortung für die Erzeugung an andere zu delegieren, etwa an den Handel. Wir haben erlaubt, dass die Werbung der Konzerne uns erzählt, wie und was produziert wird und welche Auswirkungen das auf unsere Gesundheit hätte. Erinnern wir uns an die Dauerschleifen-Werbespots, in denen Fleisch und Milch und Käse als wahre »Kraftmacher« propagiert werden. Die Tiere, die man darin sieht, sind genauso Schauspieler wie die angeblich darin mitwirkenden Landwirte, denn weder die einen noch die anderen könnten auf diese Weise existieren, wenn sie tatsächlich das herstellen würden, was diese Spots uns verkaufen wollen. Die Massentierhaltung erzeugt keine schönen Bilder.

Ich möchte mich hier aber nicht mit Schuldsuche beschäftigen. Und ich glaube auch nicht, dass wir es uns so einfach machen sollten. Die etablierten Glaubenssätze von den herzlosen Konsumenten, die absichtlich zur Billigware greifen, koste es, was es wolle, oder den herzlosen Landwirten, die ihre Tiere ausbeuten, bis sie nicht mehr können, müssen wir überwinden. Die Degradierung von landwirtschaftlich genutzten Tieren zu reinen Produktionsmitteln hat viele Ursachen. Wichtig ist, dass wir die Zusammenhänge verstehen. Denn das ist die Grundlage für die Veränderung, die wir benötigen.

Dazu gehört auch ein gewisses Verständnis für die Perspektive der BäuerInnen, ein Einblick in ihre Arbeits- und Lebenswelt. Wir bekommen oftmals ein Bild bäuerlichen Alltags vermittelt, das so gar nicht der Realität entspricht, von den reichen Landwirten, die gut vom Steuergeld leben, denen die Tiere und die Natur egal sind und die einzig danach trachten, ihren Besitz zu vermehren. Ja, es gibt mit Sicherheit unter den Landwirten einige, die sich rücksichtslos verhalten. So wie überall. Aber vom Einzelfall darf man nicht auf die Gesamtheit schließen. Es ist wichtig, dass wir verstehen, wie sich die Landwirtschaft bei uns im 21. Jahrhundert entwickelt. Aus vielen Gründen.

Unsere Bauern, die fremden Wesen

Im Laufe meines Lebens gab es immer wieder Phasen und Zeiten, die mich in die Nähe landwirtschaftlicher Realität gebracht haben. Ich habe viele Nächte auf dem Bauernhof verbracht, mit drei Generationen unter einem Dach. Und ich habe versucht, mich einzubringen, wie ein helfendes Familienmitglied das eben macht. Da habe ich gemolken, ich habe mitgeholfen, das Heu am Feld zusammenzutragen, ich habe die Kühe gefüttert und ihren Mist weggeräumt. Und zwar mehrmals. Doch auch nach dem zwanzigsten Mal bin ich mir dabei wie ein Tourist vorgekommen. Es war, als wäre ich der Darsteller in einem alten österreichischen Heimatfilm und würde mich von außen beobachten.

Auch wenn es schon viele Jahre her ist, kann ich mich noch erinnern, als wäre es gestern gewesen, als ich mir das erste Mal das Arbeitsgewand übergestreift und strahlend den Stall betreten habe. Das war für mich ein echtes Abenteuer. Ich habe mit den Kühen gesprochen, wie man es mit einem Hund oder einer Katze auch macht, mich über jede ihrer Regungen kindlich gefreut. Und das, obwohl ich damals schon Anfang 20 war. Ich erinnere mich an die anfangs leicht irritierten, später nur noch belustigten Blicke und Kommentare der Menschen in meiner Umgebung. Sie konnten nur schwer begreifen, wieso alles für mich ein bisschen wie ein Wunder war, selbst wenn es bisweilen körperlich richtig beschwerlich wurde.

Die Faszination ergab sich auch aus der persönlichen Naherfahrung mit Dingen, die ich bis dahin nur aus dem

Fernsehen kannte. Das Heu im Stall etwa, in das man sich fallen lassen konnte. Tausendmal im Film gesehen, meist in kitschigen Schnulzen. Oder wenn ein Kalb auf die Welt kam. Das war ein echter Kraftakt, richtig dramatisch, kein süßer Spaß. Das direkte Erlebnis verändert den Blick auf all das für immer. Auch auf die Realität der Landwirte. Es ist eine harte Arbeit. Entbehrungsreich, anstrengend, manchmal auch sehr roh. Sie verlangt ihnen alles ab und funktioniert nur, wenn sich ihr die ganze Familie widmet. Das gilt vor allem für die Kleinbauern, mit denen ich zu tun hatte.

Schon die Kleinsten lernen früh, mit dem Traktor umzugehen, all die Abläufe am Hof zu verstehen und sich dafür verantwortlich zu fühlen. Und das geht dann so weiter bis ins hohe Alter, genau genommen bis zum Tod. Zumindest war das früher so. Diese Gemeinschaft steht auf der Kippe. In immer mehr bäuerlichen Familien funktioniert der Generationenvertrag nicht mehr, also die Übereinkunft, dass die Kinder den Hof übernehmen, dafür auf die Eltern aufpassen und für sie sorgen. Nicht immer nur, weil die nächste Generation nicht will, sondern weil sie nicht mehr kann. Weil sie es sich nicht mehr leisten kann, Bauer oder Bäuerin zu sein. Und das mitzuerleben ist etwas, das mich sehr nachdenklich gestimmt hat.

Ich habe diese große psychische Belastung hautnah mitbekommen, die damit verbunden ist, wenn das familiäre Erbe in Gefahr ist. Wenn der Hof seit 150 Jahren von Generation zu Generation übergeben wurde, aber jetzt nicht mehr rentabel ist. Und damit droht etwas verloren zu gehen, das weit über den Landbesitz hinausgeht: ein großes Stück Identität. Wenn man nur noch die Entscheidung hat, ob man selbst woanders arbeiten geht, um die Familie zu ernähren, oder das Land verkauft. Viele verkaufen die Höfe, wenn es nicht mehr anders geht. Viele kämpfen aber auch, machen zwei oder drei Jobs gleichzeitig, damit sie nicht das verlieren, was sie von ihren Vorfahren erhalten haben.

»*Was du ererbt von Deinen Vätern hast, erwirb es, um es zu behalten.*« Ich kann mich noch sehr gut an diesen Satz erinnern, der auf einer kleinen Steintafel stand, die links neben dem Eingang des Hofes montiert war. Ich glaube, sie wurde in den 1930er-Jahren dort angebracht. Ich weiß nicht, wie oft ich diesen Spruch betrachtet und dabei darüber sinniert habe, was er wohl bedeuten könnte. Irgendwie kamen mir die Worte fast drohend vor. Als würde die Vorgänger-Generation der Jugend auf diese Weise täglich in Erinnerung rufen wollen, dass sie die Verantwortung hätte, das Erbe ja nicht durchzubringen. Vermutlich war das auch die Grundintention, ich habe es nie hinterfragt und daher auch nicht erfahren.

Später habe ich seine Bedeutung verstanden. Der Auszug aus »Faust« von Johann Wolfgang von Goethe ist damit auch nicht zu Ende. Weiter geht es mit: »*Was man nicht nützt, ist eine schwere Last; nur was der Augenblick erschafft, das kann er nützen.*« Und das brachte dann für mich mehr Sinn in die ganze Angelegenheit. Nun war mir klar, dass es tatsächlich darum geht, sich bewusst zu machen, dass man den Besitz verdienen muss. Auch wenn man ihn vererbt bekommen hat, es gilt, ihn zu erhalten. Und das ist keine leichte Aufgabe. Es war aber wichtig für mich zu verstehen, in welchem generationenübergreifenden Setting wir uns da befinden, wenn wir von Bauernhöfen sprechen.

Natürlich trifft das nicht auf alle zu. Aber die allermeisten landwirtschaftlichen Betriebe sind in Österreich in familiärer Hand und das zum Großteil seit geraumer Zeit. Die schwere Last, die mitunter mit dem Erbe verbunden ist, mit der Übernahme des Bauernhofs und der Aufgabe, ihn zu erhalten, versteht man erst richtig, wenn man mit den Menschen gelebt hat. Wenn man mit ihnen erlebt hat, was es bedeutet, den Hof zu führen und seinen Namen zu repräsentieren, der vielleicht schon seit vielen Generationen in der

Region für etwas steht: für eine besondere Form der Landwirtschaft, für einen menschlichen Umgang, für gewisse Werte, Haltungen und Ansichten.

Es geht also nicht primär um den Geldwert, den der Besitz darstellt, der Wald, der Grund, die Wirtschaftsbauten und Gerätschaften. Es geht vielmehr um eine Tradition, um ein Selbstverständnis, das über die eigene Person hinausgeht, das eng mit der Umgebung verbunden ist. Es geht um einen Platz in der Gemeinschaft. Auf dem Land ist jeder Bauernhof ein Wirtschaftsfaktor, aber auch ein Stück Kulturgut. Die Familien sind miteinander bekannt, auch weil sie aufeinander angewiesen sind oder es zumindest früher waren. Den Status als aktiver Bauer zu verlieren ist also mehr als »nur« eine ökonomische Bedrohung, es ist tatsächlich eine Existenzgefährdung für die ganze Familie im weitesten Sinne.

Während meiner vielen Reisen durch Österreich und den mittlerweile Hunderten Besuchen auf Bauernhöfen habe ich versucht, mir dieses Bewusstsein stets präsent zu halten. Auch in meinen Gesprächen mit Menschen, die Bauern aufgrund falscher Vorstellungen romantisiert oder verteufelt haben. Aus dieser sehr intensiven Erfahrung in meinem Leben habe ich etwas mitgenommen: den Wunsch, im Rahmen meiner Möglichkeiten als Brückenbauer zwischen Konsumenten und Produzenten zu fungieren. Als Vermittler, Erklärer, Übersetzer. Wir müssen verstehen, mit wem und womit wir es da zu tun haben, wenn wir von der Landwirtschaft sprechen. Und wieso uns das alle angeht.

Vom Leben in drei Welten

Der idealtypische Bauer ist ein wahres Multifunktionstalent. Er deckt unseren Tisch, pflegt die Landschaft, bewahrt

Kultur und Tradition. Er sorgt für Arbeit und Kaufkraft in ländlichen Regionen. Wir leben natürlich nicht in einer Welt der Idealtypen, aber diese Aspekte werden sich im Arbeitsalltag jeder Bäuerin und jedes Bauern in gewisser Weise wiederfinden. Damit ist die bäuerliche Arbeit nicht nur für unsere Ernährung wichtig, sondern auch für den Tourismus. Und für die Vitalität des Landes, das immer stärker unter dem Phänomen der »Landflucht« leidet, wie wir später noch genauer sehen werden. Ich glaube, ganz vielen Menschen ist diese Bedeutung gar nicht bewusst. Wie denn auch?

Der öffentliche Diskurs rund um die Landwirtschaft ist bislang primär von zwei unterschiedlichen Darstellungsformen geprägt, die absolut widersprüchlich sind. Wir bekommen in den klassischen und den neuen Medien viele Bilder scheinbarer bäuerlicher Arbeits- und Lebensrealität vermittelt, die nicht nur entscheidenden Einfluss auf uns haben, sondern auch darauf, wie sich diese entwickelt. Die Art und Weise, wie die bäuerliche Welt dargestellt wird, vor allem in Hinblick auf die Herstellung von Lebensmitteln, hat Auswirkungen auf das Konsumverhalten und ist eine der entscheidenden Größen, wenn wir eine echte systemische Veränderung bewirken wollen.

Ich werde später noch genauer darauf eingehen, wieso ich es für so bedeutsam halte, dass wir uns für die bäuerlichen Realitäten interessieren. Für den Moment ist mir wichtig, darauf hinzuweisen, wie bedeutsam diese Bilder in unserem Kopf sind, wie sie erschaffen werden und warum es gut wäre, dass wir sie hinterfragen. Denn nachdem die meisten von uns nicht in unmittelbarer Umgebung der Höfe leben, was eine Folge der Verstädterung, aber auch des Niedergangs der kleinbäuerlichen Landwirtschaft ist, sind wir darauf angewiesen, dass uns jemand Einblick in diese Welten gibt. Und diese Einblicke sind stark geprägt von den unterschiedlichen Interessen, die dahinterstehen.

Zunächst ist da die dominante Konzern-Werbung. Sie

ist vermutlich mittlerweile die zentrale Bezugsquelle von Bildern zu landwirtschaftlicher Arbeit, zur Erzeugung von Lebensmitteln. Darin wird größtenteils nicht nur ein inexistentes Idyll der Tierhaltung transportiert – wir erinnern uns an das sprechende Schwein –, sondern auch weitgehend eine bäuerliche Traumwelt. Scheinbar alles, was im Kühlregal zu finden ist, Milch, Käse, Joghurt, Fleisch, Wurst und so weiter, entstammt im Werbespot dem bäuerlichen Kleinbetrieb ums Eck. Landwirte haben in dieser Darstellung der Werbung viel freie Zeit, sie leben im Einklang mit der Natur, in gewisser Weise sind sie im Garten Eden.

In dieser »Werbe-Welt« fließt die Milch fast schon von selbst aus dem Stall oder von der Weide, der Speck fällt geräuchert vom Schwein und das Getreide holt sich wie von selbst ein. Die Äcker und Wiesen, die Wälder und Flüsse, sie strahlen, sind aufgeräumt, sauber, saftig. Der Landwirt wird in diesem Bild zum Moderator einer sich selbst regulierenden Natur umfunktioniert, zum Model in einer heilen Welt. Die Kinder tanzen Polka mit den Katzen und Hühnern am Hof oder reiten glücklich umher, Opa und Oma gönnen sich einen ruhigen Lebensabend im Sonnenschein. Der Bauer und seine Frau, sie blicken stolz auf ihr Tagwerk, das ihnen ein gutes Einkommen und innere Erfüllung beschert.

Das ist nicht nur Unsinn, sondern gerät auch immer mehr zum blanken Hohn. Die Interessenverbände der Landwirte haben tragischerweise irgendwann entschieden, diesen Schein zu unterstützen, statt für Aufklärung zu sorgen. Wohl in der falschen Annahme, dass er dazu beitragen würde, die Situation der Landwirte zu verbessern. Ein fataler Trugschluss, wie sich immer mehr zeigt. Denn wenn ohnehin alles eitel Wonne auf den Höfen ist, dann ist es auch vollkommen in Ordnung, dass die Milch, der Käse und das Fleisch zum Schleuderpreis im Supermarkt landen. Dann sind die Zahlen vom Bauernsterben nur »Panikmache« und wir können weitermachen wie bisher. Können wir aber nicht.

Das idealisierte und romantisierte Bild der Landwirtschaft wiegt uns in Sicherheit, während die Unsicherheit für die Betroffenen zunimmt. Es spielt mit einem Grundbedürfnis von uns nach Beschaulichkeit und Natürlichkeit, während genau das mit großem Tempo verloren geht. Das macht es so gefährlich. Denn diese scheinbar herrliche Welt ist abgeschottet, sie ist in sich perfekt funktionierend abgeschlossen und damit außerhalb unserer Einflussmöglichkeit. Dort die Bauern, hier wir Konsumenten. Die Verbindung ist einzig der Supermarkt als Ort der kommerziellen Begegnung, mit den Konzernen als alleinigen Gatekeepern, die sich den Zutritt teuer abkaufen lassen.

Das zweite Bild ist jenes mancher Tier-, Umwelt- und Naturschutzorganisationen, in letzter Zeit auch der Klimabewegung. Es begegnet uns vorwiegend in sozialen Netzwerken und ist in gewisser Weise eine exakte Gegenwelt. Den Tieren geht es da sehr schlecht, sie werden misshandelt, vernachlässigt, zu Objekten degradiert. Unsere Nahrung wird in riesigen Fabriken hergestellt, in der das Tier mit Schläuchen und Ketten zu einer Produktionseinheit verschmilzt. Landwirte kommen in diesem Bild nur noch sehr selten vor, und wenn, dann als rücksichtslose, gefühlskalte und dumme Profiteure eines Kreislaufs der Zerstörung, den sie selbst geschaffen haben und weiter befeuern.

Sie spritzen Pestizide und allerlei andere Chemikalien unbegrenzt aufs Feld, pumpen Unmengen an Antibiotika in die Tiere, ohne darüber nachzudenken, was sie damit anrichten. Sie sind willfährige Handlanger einer Agrarindustrie, die eng mit globalen Finanzeliten vernetzt und politisch allmächtig ist und dafür sorgt, dass nicht nur das Geld der Konsumenten, sondern auch die nationalen und europäischen Fördergelder üppig in die Taschen der Bauern fließen. Es ist eine düstere Welt, in der sich alle mehr oder weniger verschworen haben, um auf dem Rücken von Tieren, Natur und Konsumenten auch noch den letzten Cent herauszupressen, auf dem Weg in den ökologischen Totalabsturz.

Auch das ist Unsinn und lässt uns wieder an verschiedene Verschwörungstheorien denken. Denn auch wenn wir beobachten müssen, wie die Konzentrationsbewegungen zunehmen und die Landwirtschaft zusehends industrialisierter wird, so befinden wir uns in Österreich und der Schweiz immer noch in einer recht kleinteiligen Struktur, in gewisser Weise auch in Deutschland. Die Höfe sind fast alle in den Händen von Familien, die kein Interesse daran haben, dass ihre Existenzgrundlage vernichtet wird. Vor allem aber suggeriert die »Kritiker-Welt«, dass es Wunsch und Wille der Landwirte wäre, den Tieren, der Natur und uns zu schaden. Das kann doch niemand glauben.

Bestimmt meinen es die NGOs gut, aber hier treiben sie Schindluder auf dem Rücken der Landwirte. Die Vereinfachung, wonach es die freie Entscheidung der Landwirte wäre, wie die Tiere gehalten und wie die Felder bestellt werden, könnte nicht weiter von der Realität entfernt sein. Und statt den dringend benötigten Dialog zu fördern, werden Gräben aufgerissen. Das mag gut für kurzfristige Aktivierung sein, um Spenden oder Aufmerksamkeit zu generieren, aber langfristig verstärkt es die Probleme eher. Ich glaube hier nicht an böse Absicht als vielmehr an die Gegenreaktion in einer Dynamik, die von Polarisierung geprägt ist. Hier die Idealisierung, dort die Verdammung.

Aber diese Bilder sind auch Ausdruck einer Konfusion, eines erlebten Kontrollverlustes in einer digitalisierten und globalisierten Welt, wo der direkte Bezug verloren gegangen ist. Wo man sich mit einfachen Antworten auf komplexe Zusammenhänge begnügt, wo Information und Fiktion verschwimmen. Wo PR-Abteilungen mehr Content in die öffentliche Debatte einfließen lassen als unabhängige Journalisten. Wo Interessengruppen längst begriffen haben, wie wichtig es ist, mit plumper Emotionalisierung und Desinformation auch Deutungshoheit zu erlangen. Dem kann man nur mit Fakten und Sachlichkeit entgegenwirken, mit Einblick in die »dritte Welt« – die der Bauern.

Tierfabriken oder Feinkostläden?

Österreich ist in vielerlei Hinsicht gut für die Beobachtung der Entwicklungen in der Landwirtschaft geeignet. Es ist ein Land mit langer agrarischer Tradition, das weltweit für seine Berge und Seen, für seine Wälder und auch für seine Lebensmittel geschätzt wird. Die Landwirtschaft hat die Alpenrepublik stark geprägt, doch sie ist im Niedergang begriffen. Um die Jahrtausendwende gab es noch fast 220.000 landwirtschaftliche Betriebe in Österreich, im Jahr 2016 waren es nur noch 160.000 und für 2025 geht man von bestenfalls 130.000 Betrieben aus. Der Rückgang ist also stark, jeden Tag sperren zwischen fünf und sieben Höfe für immer zu. Das ist in Deutschland nicht viel anders.

Aber aufgrund der besonderen Flächenstruktur des Landes, also der vielen bergbäuerlichen Regionen, gibt es hier eine deutlich verlangsamte Entwicklung. Und auch die Landwirtschaftspolitik hat sich im Rahmen der scheinbaren oder realen Möglichkeiten bemüht, die negativen Trends abzufedern. Gegen gewisse Dynamiken ist sie aber im nationalen Rahmen machtlos, bei anderen hat sie schlicht geschlafen. Ich sage das, weil ich kein Interesse daran habe, hier die Schuldfrage zu stellen, und weil ich der Meinung bin, dass man es sich nicht so einfach machen darf. Gerade seit dem EU-Beitritt hat sich vieles nach Brüssel verlagert, ist also Teil einer gesamteuropäischen Entwicklung.

Besonders stark wird der Niedergang in Österreich bei den Schweinebauern sein, hier verringert sich die Anzahl der

Betriebe bis 2025 wohl auf rund 12.000, nachdem es zuletzt noch knapp 28.000 waren. Aber auch bei Milchkühen und Legehennen ist der Weg nach unten vorgezeichnet. Die Zeichen stehen insgesamt auf Rückgang in der heimischen Landwirtschaft, und das nicht erst seit gestern. Im Jahr 1951 wurden noch rund 19 Hektar Land pro Betrieb bewirtschaftet, im Jahr 2016 waren es hingegen 45 Hektar pro Betrieb. Waren es im Jahr 1995 noch 35 Schweine pro Betrieb, lebten im Jahr 2016 durchschnittlich 109 Schweine auf einem Hof in Österreich.

Während also die Anzahl der Betriebe seit Jahrzehnten beständig sinkt, bleibt der Flächenbestand weitgehend gleich und auch der Viehbestand sinkt kaum. Das ist in Deutschland ganz ähnlich. Das heißt, es wird künftig weniger Betriebe geben, diese werden aber größer sein. Damit folgt Österreich einem internationalen Trend, der mit der fortschreitenden Technologisierung der Landwirtschaft zusammenhängt, mit der Entwicklung der Preise und der europäischen Konkurrenz. In den Regionen, wo der Tourismus als Faktor genutzt werden kann, und dort, wo Wege der bäuerlichen Direktvermarktung etabliert werden können, schließen hingegen weniger Betriebe.

Eine Umfrage zeigt, dass »Regionalität« für die Deutschen das zweitwichtigste Kaufkriterium ist, in Österreich und der Schweiz wird diese Relevanz für Konsumenten kaum geringer sein. Eine möglichst regionale Herkunft der Lebensmittel ist den Menschen also wichti,g, sie kommt gleich nach dem Geschmack und noch weit vor dem Preis. Wir wollen wissen, woher unser Essen kommt oder zumindest das Gefühl haben, dass wir die Herkunft kennen. Dieser Trend wird sich in der Zukunft wohl verstärken, wenn die ökologische Komponente in der öffentlichen Betrachtung dominanter wird, also auch die Wege stärker berücksichtigt werden, die unser Essen vom Feld bis zum Teller zurücklegt.

In der heimischen Landwirtschaftspolitik wird oft vom

»Feinkostladen Österreich« gesprochen. Damit soll unterstrichen werden, dass es sich um eine kleinteilige Landwirtschaft handelt, die sich auf hochqualitative Erzeugnisse fokussiert. Die meisten Experten sind sich mittlerweile einig, dass die Zukunft der österreichischen Landwirtschaft in der Qualität, nicht in der Masse zu suchen ist. Denn sowohl im europäischen als auch im internationalen Vergleich können die Betriebe kaum mithalten, wenn es um eine möglichst kostengünstige Produktionsweise geht. Dafür sind nicht nur die Lohn- und Lebenskosten, sondern auch die Umwelt- und Tierwohlstandards zu hoch und die Flächen zu klein.

Auch wenn ich jemand bin, der sich weiter für steigende Umwelt- und Tierwohlstandards einsetzt, so muss man doch anerkennen, dass die Bedingungen in Österreich im europäischen und vor allem im globalen Vergleich deutlich besser sind. In gewissen Bereichen wird sogar eine Vorreiterrolle eingenommen, beim Bio-Anteil etwa ist Österreich führend. Das ist nicht zuletzt auch dem steigenden gesellschaftlichen Bewusstsein geschuldet. Aber die Entwicklung ist, das haben wir vorhin gesehen, nicht uneingeschränkt rosig. Vor allem wenn die Konzentrationsbewegungen zunehmen, also weniger Betriebe mehr produzieren, dann ist großes Augenmerk auf die Wahrung der Standards zu legen.

Die Anzahl der erzeugten Lebensmittel pro Landwirt, also die Produktivität in der Landwirtschaft, steigt kontinuierlich. Wurden früher in Österreich rund 70 Menschen von einem Landwirt versorgt, so sind es heute schon über 130 Menschen. Und das ist dringend nötig, denn seit den 1950er-Jahren hat sich der Konsum von Gemüse, Obst und Fleisch fast verdoppelt. In manchen Bereichen, etwa beim Käse, hat sich der Verbrauch sogar fast verfünffacht. Nur wenige Lebensmittel, etwa Kartoffeln, werden jetzt weniger nachgefragt als damals. Das Angebot an Nahrungsmitteln hat sich deutlich ausgeweitet, viele der Produkte gab es damals nicht, denken wir etwa an importierte Südfrüchte.

Doch die Produktion von Lebensmitteln ist in Österreich und auch in Deutschland sehr ungleich verteilt. So beträgt der sogenannte Selbstversorgungsgrad bei Fleisch in Österreich derzeit 109 Prozent, bei Milch sind es sogar 164 Prozent. In Deutschland sind Kartoffeln mit 135 Prozent, Zucker mit 125 Prozent und Fleisch mit 116 Prozent die Spitzenreiter bei der Selbstversorgung. Bei Gemüse hingegen sind es in Österreich nur 56 Prozent, in Deutschland 37 Prozent. Bei Obst liegen wir in Österreich bei rund 40 Prozent, in Deutschland bei rund 21 Prozent. Insgesamt liegt die Selbstversorgung bei Nahrung in Deutschland bei rund 88 Prozent, nachdem sie 1990 noch bei fast 100 Prozent gelegen hatte.

In der Schweiz liegt die Selbstversorgung mit Nahrungsmitteln überhaupt nur bei knapp 60 Prozent, wobei hier schon die importierten Futtermittel eingerechnet sind. Während bei tierischen Nahrungsmitteln fast 100 Prozent erreicht werden, sind es bei pflanzlichen Nahrungsmitteln, also Obst und Gemüse, nur 40 Prozent. Damit zeigt sich, dass grundsätzlich in der Europäischen Union, insbesondere aber in Deutschland, der Schweiz und Österreich, ein Fokus auf die Herstellung von tierischen Lebensmitteln gelegt wird. Doch niemand würde annehmen, dass in der Schweiz ein großer Mangel an pflanzlichen Nahrungsmitteln herrscht. Das ist nicht der Fall, denn es wird reichlich importiert.

Mit dem Selbstversorgungsgrad wird die Menge an Nahrungsmitteln gemessen, die in einem Land erzeugt wird, um den Verbrauch im eigenen Land zu decken. Er misst also das, was produziert wird, abzüglich dessen, was ins Ausland exportiert wird. Oder anders gesagt: Er gibt darüber Auskunft, wie stark die heimische Landwirtschaft den Inlandsbedarf an Nahrung abdecken kann. Dem zugrunde liegt der Anspruch, dass ein Land auch in einer Krisensituation seine Bevölkerung hinreichend mit Grundnahrungsmitteln versorgen kann. Diese Ernährungssicherheit für die eigenen

Bürger zu gewährleisten ist von jeher ein zentrales Ziel der nationalen wie auch europäischen Landwirtschaftspolitik.

Das ist primär eine Folge der gemeinsamen europäischen Politik nach dem Zweiten Weltkrieg, wo es darum ging, die Bevölkerung künftig vor Mangel zu schützen. Aber die Frage der Ernährungssouveränität und der nationalen Versorgungssicherheit bekommt im Kontext der Klimakrise wieder besondere Aktualität und Bedeutung. Denn wenn unser Konsum stark von Importen abhängt, etwa aus dem globalen Süden, dann importieren wir damit auch Emissionen. Wir verursachen die Zerstörung der Natur und die Schädigung des Klimas, die mit dem Transport von Nahrungsmitteln oder Ressourcen einhergehen, über Tausende Kilometer hinweg. Je mehr wir also vor Ort herstellen können, umso besser.

Die Großen werden größer, die Kleinen sterben aus

Der Selbstversorgungsgrad sagt hingegen nichts darüber aus, wie viel die Bevölkerung wirklich an Nahrung konsumiert. Denn in den »Verbrauch« eingerechnet werden auch die Lebensmittelverluste, die Futtermittel für Tiere oder etwa auch die Rohstoffe, die für die industrielle Verwertung benötigt werden. Wenn wir also sehen, dass in manchen Bereichen massive Überschüsse produziert werden, während in anderen Sparten dauerhaft drastische Defizite bestehen, dann hat das nicht nur mit den Essgewohnheiten der Bevölkerung oder den natürlichen Gegebenheiten in einem Land zu tun. Es ist teils auch Resultat einer auf Export ausgerichteten Förderpolitik in der Landwirtschaft.

Die Verteilung von Fördermitteln ist insofern bedeutsam, weil mittlerweile über 60 Prozent der Einkünfte, die ein Landwirt aus seiner landwirtschaftlichen Tätigkeit in Österreich bezieht, aus Fördergeldern stammen. Das wird den allermeisten Menschen gar nicht bewusst sein, war es mir auch nicht. Annähernd zwei Drittel des bäuerlichen Einkommens aus der Landwirtschaft kommen aus Steuergeldern. Anders gesagt: Ohne die hohe Subventionierung der Erzeugung von Lebensmitteln und der Landschaftspflege wäre diese in unserem gegenwärtigen System gar nicht möglich. Ich finde es problematisch, dass hier so starke Abhängigkeiten aufgebaut wurden.

Wenn nun die Förderpolitik große Flächen bevorzugt, und das tut sie in starkem Ausmaß, begünstigt sie die Entstehung von immer umfangreicheren Betrieben. Deutschland gehört auch deswegen mittlerweile zu den größten Fleischexporteuren der Welt, muss zur Herstellung aber gewaltige Mengen an Eiweiß als Futtermittel importieren. Und auch immer mehr Gülle verteilen, wie wir vorhin schon gesehen haben. Es wird also am heimischen Bedarf vorbeigefördert und viel Steuergeld in eine Produktion gesteckt, die nachweislich schädlich für uns ist. Österreich exportiert hingegen viel Milch, die Überschüsse haben sich seit 1995 um 60 Prozent gesteigert, oder auch besonders viel Rindfleisch.

Vereinfacht gesagt werden im bestehenden Fördersystem die großen Betriebe deutlich bevorzugt, da sich die Zahlungen in der Regel aus der bewirtschafteten Fläche errechnen. Und so kommt es, dass auch jene landwirtschaftlichen Strukturen, die bereits hochprofitabel wirtschaften und keine Zuschüsse benötigen würden, in den Genuss von Unmengen an Fördergeldern kommen. Die sogenannten Direktzahlungen machen den Großteil der EU-Fördermittel aus, sie fließen zu 80 Prozent an die größten Betriebe. Das ist ungerecht und begünstigt den Niedergang der kleinbäuerlichen Landwirtschaft. Das Steuergeld kommt also nicht dort an, wo es gebraucht werden würde.

Nochmals festgehalten: Im gegenwärtigen landwirtschaftlichen System wird Steuergeld primär nach Größe verteilt, was die Konzentration weiter verstärkt. Es wird damit auch die Erzeugung von Überschüssen gezielt gefördert, statt unser Geld in die Qualität, in das Tierwohl und in den Natur- und Klimaschutz zu investieren. Und bei all dem hat der Konsument kein Mitspracherecht, denn das entscheidet allein die Politik. Auf nationaler wie auch auf europäischer Ebene. Selbst wenn wir dazu beitragen wollen, dass es den Bauern gut geht, können wir das nur zu einem Bruchteil beeinflussen. Das sollten wir uns merken, wenn das nächste Mal die Schuld verteilt wird.

Das widerspricht auch dem Konzept der Ernährungssicherheit. Nur die kleinbäuerliche, auf die Versorgung der heimischen Bevölkerung ausgerichtete Landwirtschaft kann mit geschlossenen Kreisläufen arbeiten. Das sehen wir sehr gut in der Bio-Landwirtschaft. Sie ist nicht auf Futtermittelimporte aus dem globalen Süden, auf Unmengen an chemischen Pestiziden oder den großflächigen Einsatz von Antibiotika angewiesen. Sie schafft mehr Arbeitsplätze und bietet eine langfristige Absicherung für die Landwirte, da die Preise sich an der regionalen Nachfrage orientieren, nicht an den Weltmärkten. Sie ist optimal mit touristischer Nutzung vereinbar, für die Direktvermarktung geeignet und obendrein tier- und klimafreundlicher.

In der kleinteiligen Landwirtschaft, also auf den Familienhöfen, die in Spots und Inseraten auch zur Bewerbung von Massenware herhalten muss, sind die Bedingungen für Menschen, Tiere und Natur deutlich besser. Wo ein direkter Bezug zu Grund und Boden und zu den landwirtschaftlich genutzten Mitgeschöpfen gegeben ist, dort wird mehr Verantwortung für ebendiese übernommen. In der Massentierhaltung hingegen liegt der Fokus nur auf der Profitsteigerung. Das führt zu einer stärkeren Belastung der Tiere und der Böden und es begünstigt den Niedergang der Regionen. Denn kleinbäuerliche Strukturen sind wertvolle ökonomische und kulturelle Anker in ländlichen Gebieten.

Auch wenn die österreichische Landwirtschaft insgesamt mehr dem vielzitierten Feinkostladen denn der Tierfabrik entspricht, so ist ihre strukturelle Entwicklung in manchen Bereichen durchaus kritisch zu betrachten. Mit der Situation in Deutschland lässt sich die österreichische Landwirtschaft zwar schwer vergleichen, doch es lohnt sich, einen Blick nach Bayern zu werfen. Bayern hat eine geringere Gesamtfläche, aber eine leicht höhere landwirtschaftliche Nutzfläche. Dennoch gibt es etwa ein Drittel weniger Bauernhöfe als in Österreich, es sind gegenwärtig rund 100.000 Betriebe. Weniger Betriebe bewirtschaften also mehr Fläche mit einem höheren durchschnittlichen Viehbestand.

In Bayern ist der Strukturwandel deutlich stärker fortgeschritten. So sank die Anzahl der landwirtschaftlichen Betriebe seit 1997 um rund 46 Prozent, wie übrigens in ganz Deutschland, in Österreich hingegen waren es im gleichen Zeitraum etwa 31 Prozent. Die Betriebsgröße nahm im gleichen Zeitraum in Bayern um über 75 Prozent zu, in ganz Deutschland sogar um 83 Prozent; in Österreich waren es rund 20 Prozent. Noch ein paar Vergleichszahlen: In Bayern finden sich im Schnitt 33 Milchkühe pro Betrieb, in Ostdeutschland sind es hingegen 174 Kühe, in Österreich gerade 13. Noch dramatischer bei den Schweinen: 87 im Schnitt in Bayern, 989 in Ostdeutschland, 40 in Österreich.

Noch mehr Tiere in noch weniger Betrieben, das ist aus jetziger Sicht die Zukunft der Landwirtschaft, wenn nicht bald eine echte Agrarwende folgt. Das muss nicht unbedingt schlecht fürs Tierwohl sein, aber es ist jedenfalls eine große ökologische Herausforderung. Die Intensivierung der Landwirtschaft ist nach Meinung aller Experten der zentrale Gegenspieler von Klima- und Artenschutz. Und sie ist die größte Gefahr für die kleinbäuerlichen Strukturen, die mit diesem Trend nicht mithalten können, egal wie sehr sie sich auch anstrengen. Genau dafür gibt es eigentlich das Steuergeld, um solchen Entwicklungen entgegenzuwirken. Doch wie wir gesehen haben, klappt das nicht.

Es ist ein europäischer Trend, dass die Anzahl der Großbetriebe zunimmt. Von 2003 bis 2013 mussten über 25 Prozent aller Höfe in der Europäischen Union für immer schließen. In den Benelux-Staaten und Dänemark werden mittlerweile 90 Prozent aller Tiere in größeren Betrieben gehalten. Die großen landwirtschaftlichen Unternehmen, also jene mit über 100 Hektar Fläche, machen zwar nur drei Prozent aller Betriebe in der EU aus, sie bewirtschaften aber über 50 Prozent der gesamten Fläche. Und erhalten entsprechende Förderungen. Die Steigerung der Intensivlandwirtschaft geht auch einher mit dem Verlust von Arbeitsplätzen und regionaler Kaufkraft sowie mit der Verödung ländlicher Regionen.

Und auch wenn man sich den Anteil an Bio-Flächen ansieht, erkennt man den großen Unterschied zwischen Österreich und seinem Nachbarn und wichtigsten Handelspartner. Werden in Österreich etwa 20 Prozent der Flächen ökologisch bewirtschaftet, sind es in Bayern und Gesamt-Deutschland etwa sieben Prozent. Vielleicht helfen diese Zahlen beim Verständnis zur Einordnung der österreichischen Landwirtschaft im europäischen Vergleich. Die Situation ist zwar nicht hoffnungslos, die Richtung sollte uns aber nachdenklich stimmen. Wenn alles so weitergeht, nähern wir uns Bayern an. So weit der Blick auf die Zahlen. Doch wichtig ist auch, wie die Stimmung bei den Landwirten selbst ist.

Unterbezahlt, unbezahlt, ausgelagert

Es ist für mich sehr schwer, über das emotionale Befinden der Landwirte eine Aussage zu treffen, zumal ich selbst keiner bin. Ich finde das anmaßend, auch wenn ich mit vielen von ihnen mittlerweile einen sehr offenen und regelmäßigen Austausch pflege. Ich möchte daher nicht nur meine diesbezüglichen Erfahrungen und Eindrücke schildern, sondern mich auch auf eine einzigartige repräsentative Studie beziehen, die in Österreich unter Landwirten gemacht wurde. Ziel der mehrjährigen Untersuchung war es, die Stimmungslage unter den Bauern zu erheben, Herausforderungen zu identifizieren und Perspektiven abzuleiten. Auch als Grundlage für die Entscheidungsträger in der Politik.

Landwirte werden darin in verschiedene Gruppen eingeordnet. Da gibt es die engagierten Kleinbauern, die zwar den wirtschaftlich schlechtesten Erfolg einfahren, aber trotzdem das höchste Commitment zu ihrem Beruf als Landwirt aufweisen. Sie machen ungefähr 17 Prozent aus. Genauso groß ist die Gruppe der Perspektivenlosen, die einen mittelmäßigen wirtschaftlichen Erfolg verbuchen. Sie ist mit durchschnittlich 54 Jahren die älteste Personengruppe und es beschäftigt sie die fehlende Hofnachfolge. Beide Gruppen schätzen die Zukunft negativ ein. Es gibt noch ein paar andere Gruppen, aber das Bild ist recht einheitlich: Die Sorgen unter den Landwirten sind groß.

Weniger als ein Viertel der Landwirte beurteilt die Zukunftsaussichten positiv. Nur rund die Hälfte will den Betrieb in der gewohnten Form weiterführen, bis zu einem Viertel wird den Hof vermutlich in den nächsten Jahren aufgeben (müssen). Als größte Herausforderungen werden der hohe Grad an Bürokratie, die hohen Sozialversicherungsbeiträge, steigende Betriebsmittelpreise, die Abhängigkeit von Förderungen und die Abhängigkeit der Preise von Weltmärkten genannt. Vieles davon sind klassische Folgen der zunehmenden Industrialisierung und wäre wohl in einer mehr auf Ernährungssouveränität ausgerichteten, kleinstrukturierten Landwirtschaft weniger stark ausgeprägt.

Das mag ein anderes Bild zeichnen als das, welches gemeinhin in der Öffentlichkeit bekannt ist. Und vielleicht liegt das auch daran, dass die vorherrschenden Eindrücke, die man von der Landwirtschaft hat, noch aus einer Zeit stammen, in der es ihr vergleichsweise gut ging. Und die nun von der Werbewelt ins Unendliche konserviert werden, ganz gleich, wie sehr sie sich in der Zwischenzeit gewandelt haben. Auch wenn wir kollektiv das kleinbäuerliche Idyll schätzen, für die Landwirte ist es alles andere als idyllisch. Und das führt dazu, dass immer weniger Menschen sich vorstellen können, selbst die Landwirtschaft der Eltern oder Großeltern weiterzuführen.

Dieses Thema der Hofnachfolge rückt immer stärker in den Vordergrund. Bei bis zu der Hälfte aller Bauern in Österreich ist die Nachfolge nicht gesichert. Das ist insofern nicht verwunderlich, weil nachkommenden Generationen kaum noch eine existenzsichernde Perspektive geboten werden kann. Bei Erzeugerpreisen von im Schnitt etwa 35 Cent pro Liter bei Milch überrascht es wenig, dass die durchschnittlichen Einkünfte landwirtschaftlicher Betriebe in den letzten Jahren um zehn Prozent gesunken sind. Bio-Betriebe haben zwar einen höheren Ertrag, aber nicht jeder Landwirt kann umstellen, da dies mit hohen Investitionen verbunden ist, in manchen Lagen ist es auch gar nicht möglich.

Im Schnitt betrugen die Einkünfte aus Land- und Forstwirtschaft je Betrieb 2018 rund 28.000 Euro, das stellte die Hälfte des gesamten verfügbaren Einkommens dar. Anders ausgedrückt: Ohne zusätzliche unselbstständige Tätigkeit wäre die Existenz für viele nicht finanzierbar. Bei Bergbauern ist es noch weniger. Obwohl die Nebenerwerbsquote steigt, also immer weniger Betriebe in Vollerwerb geführt werden, sinkt das verfügbare Haushaltseinkommen im landwirtschaftlichen Bereich. Es wird langsam eng. Zwar sind Rücklagen vorhanden, der Grund und die Gerätschaften haben oft einen hohen Wert. Doch die sind nur im Falle einer Betriebsaufgabe nutzbar, also eher fiktiver Natur.

Um es auf den Punkt zu bringen: Zwei Drittel der landwirtschaftlichen Einkünfte stammen aus Steuergeld, die Bauern werden also von der öffentlichen Hand unterstützt, weil sie am Markt so wenig für ihre Arbeit erhalten. Und dennoch reicht das nicht, um das Überleben der Familien auf den Höfen zu sichern, weswegen sie nebenbei noch einer anderen Erwerbsarbeit nachgehen müssen. Die Erzeugung von hochqualitativen Lebensmitteln, nicht von Massenware, wird zu einem Hobby, zu einem Luxus, den sich immer weniger Menschen leisten können. Was sagt das über unsere Gesellschaft aus? Nur die Massentierhaltung ist noch ein tolles Geschäft, der Rest zunehmend prekär.

Ein beträchtlicher Teil bäuerlicher Arbeit passiert unbezahlt. Da das meiste im Familienverbund erledigt wird, kann der Bauernhof nur überleben, weil Angehörige kräftig mit anpacken. Gehen diese verloren, etwa weil die Kinder in die Stadt ziehen, gerät das System ins Wanken. Denn Arbeitskräfte sind in gewissen Regionen teils nicht vorhanden oder nicht leistbar. Der Trend zum Nebenerwerb wird sich verstärken, sodass noch mehr unbezahlte Arbeit geleistet werden muss, um die Fortführung des Betriebs zu sichern. Auch der Kapitaleinsatz wird steigen, also die nötigen Investitionen in Mechanisierung und Digitalisierung der landwirtschaftlichen Prozesse.

Schon jetzt leiden ländliche Regionen unter der Abwanderung in urbane Räume. Fehlende Arbeitsplätze sowie mangelnde Bildungs- und Betreuungsangebote für Kinder sind die Hauptmotive. Der Trend zum Leben in der Stadt verstärkt sich mit jedem geschlossenen Bauernhof und Nahversorger. Letztlich geht es auch um den gesellschaftlichen Zusammenhalt in den Regionen, der mit der Zeit Stück für Stück verloren geht. Es ist vor diesem Hintergrund wenig überraschend, dass Menschen sich gegen die Übernahme des elterlichen bäuerlichen Betriebs entscheiden und stattdessen ein Leben in der Stadt vorziehen. Es geht in gewisser Weise auch um ein Gefühl von Abhängigkeit.

Eine der prägendsten Erfahrungen für mich zur Situation von Landwirten war eine Begegnung mit einer wütenden Vollerwerbsbäuerin in Salzburg. Während einer öffentlichen

Diskussion äußerte sie lauthals, dass sie keinen einzigen Cent an Fördergeldern haben möchte. Sie will nicht abhängig davon sein, sagte sie, sie möchte nur fair für ihre Arbeit entlohnt werden. Das hat mich nachdenklich gemacht. Denn im Grunde kennen wir Verbraucher den Anteil nicht, den Landwirte von dem erhalten, was wir im Supermarkt für die Produkte bezahlen. Ich habe mich daraufhin aufgemacht, um herauszufinden, was bei den Bauern tatsächlich ankommt, und bin in Deutschland fündig geworden.

Hier ein paar plakative Beispiele: Von einem halben Liter Bier, für das wir im Lokal zwischen drei und fünf Euro bezahlen, kommen nur zwei Cent beim Bauern an. Für einen Liter Milch, für den wir im Supermarkt zwischen 1 und 1,50 Euro bezahlen, erhält der Landwirt nur rund 35 Cent. Vom 200-Gramm-Schweinskotelett landen 21 Cent, von der Bratwurstsemmel nur 20 Cent beim Bauern. Auch bei den Eiern gibt es eine große Abweichung vom Endkundenpreis und dem, was beim Erzeuger ankommt – etwa 30 Cent pro Stück zahlen wir im Supermarkt, davon kommen aber nicht einmal zehn Cent beim Landwirt an. Und davon muss er noch die ganzen Produktionskosten bezahlen.

Sehr vereinfacht gesagt: Es ist in aller Regel kein großes Geschäft, einen kleinen oder mittleren landwirtschaftlichen Betrieb zu führen. Im Gegenteil, die meisten kämpfen damit, den Fortbestand sichern zu können, für ihre Kinder noch eine Weiterführung zu ermöglichen. Genügend Grundsubstanz ist da, aber der laufende Betrieb ist schwierig. Die heimische Landwirtschaft ist grundsätzlich ohne Förderungen nicht überlebensfähig. Die Allgemeinheit lässt es sich viel kosten, dass unsere Bauern nach wie vor Nahrung produzieren, die Landschaft pflegen und Kulturgut erhalten. Doch wie viel genau? Und welche Auswirkungen hat diese Abhängigkeit von öffentlichen Fördergeldern?

Von Abhängigkeit zu Abhängigkeit

Um uns dem zu nähern, möchte ich noch einmal eine Reise machen. Sie beginnt in Lagos, einer der größten Städte von Nigeria. In der afrikanischen Metropole leben über 22 Millionen Menschen. Immer mehr von ihnen sind Konsumenten europäischer Milch. Und zwar nicht, weil es ein besonderes Qualitätskriterium wäre, die Milch aus Europa zu trinken, sondern schlicht, weil sie spottbillig ist. Viel billiger noch als die vor Ort produzierte Milch. Jeden Tag werden in Lagos mehr Packungen mit irischer, deutscher oder holländischer Milch ausgeliefert. Es handelt sich dabei in vielen Fällen um Magermilchpulver, welches mit Palmöl angereichert und dann vor Ort in Flüssigform gebracht wird.

Da ist es schon wieder, das Palmöl. Wir erinnern uns, es begegnete uns zuletzt auch bei den Kälbern, die ins Ausland exportiert und dort unter furchtbaren Bedingungen mit Palmöl gemästet werden, bevor sie zur Schlachtung in Drittstaaten verkauft werden. Und jetzt dient es auch der Anreicherung eines Pulvers, um damit eine Substanz zu erzeugen, die in Wahrheit Milch imitieren soll. Die Zusammenführung dieser unterschiedlichen Rohstoffe ist immer noch ertragreicher als das Urprodukt Milch, weil die Zutaten unverschämt günstig sind. Weil der Transport nichts kostet und weil der Raubbau an der Natur im globalen Süden der Welt noch gefördert statt sanktioniert wird.

So kommt es, dass die bayerische Kuh das nigerianische Baby säugt. Das ist auch ein Effekt von jahrelangen aggressiven Marketingaktivitäten der Konzerne, die den Menschen in Spots und gekauften Berichten regelrecht eingehämmert haben, das europäische Milchpulver wäre gesünder als die natürliche Muttermilch. Und obwohl die Milch aus Deutschland oder Irland und das Palmöl aus Indonesien stammen, ist dieses Produkt immer noch erheblich billiger zu erwerben, als wenn die Milch von einer nigerianischen Kuh stammen würde. Das liegt daran, dass viel europäisches Steuergeld in jedem Liter aufgegossener Pulver-Milch steckt, der in Nigeria in die Packungen gefüllt wird.

Und das läuft so: Europäische Konzerne kaufen zielgerichtet lokale Molkereien in Afrika auf und lassen sich diese Investments im Idealfall von den bitterarmen Staaten mit Steuergeld versüßen. Schließlich werden ja Arbeitsplätze geschaffen. Dann jedoch wird nicht die afrikanische Milch verarbeitet, sondern es werden Unmengen an Milchpulver oder angereichertem Milchpulver aus Europa importiert. Vor Ort wird es in Haushaltsgrößen verpackt und direkt verkauft oder zu anderen Produkten wie Joghurt und Flüssigmilch weiterverarbeitet. Mit der Kapitalkraft der europäischen Konzerne können die afrikanischen Molkereien nicht mithalten.

Allein nach Nigeria werden jedes Jahr mindestens 70 Millionen Kilo angereichertes Milchpulver exportiert. Schätzungen zufolge, und diese Zahlen sind einige Jahre alt, werden jährlich bis zu zwei Milliarden Kilo Milchpulver und zusätzlich noch 700 Millionen Kilo angereichertes Milchpulver von der Europäischen Union aus nach Afrika exportiert. Mit diesen unglaublichen Mengen an Milchpulver werden vor Ort Milliarden Liter Frischmilch ersetzt, die sonst von ansässigen Bauern hergestellt und existenzsichernd vertrieben werden könnten. Dieser Nutzen entgeht also der afrikanischen Landwirtschaft und Bevölkerung, damit der Profit der europäischen Konzerne weiter sprudelt.

Es ist pure Heuchelei, wenn Konzernchefs die Investitionen in Ländern des globalen Südens als eine Art »Entwicklungshilfe« verkaufen. In Wahrheit erwerben sie zum Schandpreis große Flächen an Land, die der Bevölkerung vor Ort nicht mehr zur Verfügung stehen. Sie zerstören die lokale Wirtschaft, indem sie mit fragwürdigen Methoden ein Produkt bereitstellen, das so billig ist, dass die armen Menschen zugreifen müssen. Und billig ist es, weil dafür nicht nur die Tiere leiden und die Natur zerstört wird, sondern weil auch der europäische Steuerzahler tief in die Taschen greift, um den Ertrag der Großmolkereien und Handelskonzerne weiter zu steigern, während die kleinen Höfe eingehen.

Die Europäische Union ist mittlerweile der weltweit zweitgrößte Exporteur von Milch, über 60 Prozent werden in Form von Milchpulver durch die Welt geschickt. Auch deutsche Milch findet sich in diesem Pulver, oftmals wird es über die Niederlande und Dänemark exportiert. Im Jahr 2015 wurden auf europäischer Ebene weitere Schranken abgebaut, um die Exporte von Milch zu fördern. Nun wachsen die Überschüsse weiter. In Deutschland etwa lag 2014 die Selbstversorgungsrate bei Magermilchpulver bei sagenhaften 400 Prozent, in der EU lag der Schnitt immer noch bei 191 Prozent. Hier werden also gezielt Überschüsse aufgebaut, die dann in den Export wandern, etwa nach Nigeria.

Oder auch nach Burkina Faso, wo ein Liter Frischmilch aus lokaler Produktion in etwa dreimal so viel kostet wie ein Liter Pulvermilch aus Europa. Er kostet ziemlich genau so viel, wie deutsche Landwirte für einen erzeugten Liter Milch erhalten: 35 Cent. Man muss sich das vor Augen halten: Vom Bauern in Bayern zur Molkerei, dort Verarbeitung und Verpackung, dann Transport mit dem Schiff nach Afrika, wieder Verarbeitung und Verpackung vor Ort und schließlich Transport in den Laden. Und am Ende kostet der Liter Milch dort dann 35 Cent? Das geht nur, weil jemand anderer die Rechnung zahlt. In diesem Fall nicht nur die Tiere und die Natur, sondern auch der europäische Steuerzahler.

Es wird so oft behauptet, dass wir es uns nicht leisten können, den kleinbäuerlichen Betrieben bei uns noch mehr Geld zukommen zu lassen. Manche sagen sogar, dass es ein »natürlicher Strukturwandel« sei, dass die kleinen Betriebe zusperren und das System Massentierhaltung sich ausbreitet. Aber nichts daran ist natürlich, ganz im Gegenteil, es ist widernatürlich und zerstörerisch. Wenn wir nur einen Bruchteil dessen, was wir momentan in diese aufgeblasene Überschuss-Maschinerie pumpen, zur Förderung von alternativen landwirtschaftlichen Modellen ausgeben würden, könnten wir den Niedergang drastisch einbremsen. Es ist also kein Naturgesetz, sondern Versagen.

In der auslaufenden Förderperiode von 2014 bis 2020 flossen 400 Milliarden Euro aus Steuergeld in die europäische Landwirtschaft. Damit werden auch Futtermittel aus aller Welt wie genmanipuliertes Soja aus dem brandgerodeten Regenwald und Rohstoffe wie Palmöl eingekauft. Denn all das wird zur Herstellung von gigantischen Mengen an Milch und Milchpulver benötigt. Schätzungen zufolge werden bis zu 20 Prozent des importierten Sojaschrots in Deutschland an Milchkühe verfüttert – das sind bis zu 800 Millionen Kilo Sojaschrot pro Jahr. Zum Großteil erhalten die Großen unser Steuergeld und produzieren damit auch jene Überschüsse, die dann zum Schleuderpreis nach Afrika exportiert werden.

Aber letztlich zahlen nicht nur wir europäische Steuerzahler die Rechnung für die Ramschmilch, sondern auch die afrikanische Bevölkerung. Sie begibt sich in eine fatale Abhängigkeit von der billigen europäischen Pulvermilch und büßt damit die von uns für uns selbst angestrebte Ernährungssouveränität ein. Gleichzeitig fließen Millionen an Entwicklungshilfe in diese Länder. Ein toxischer Kreislauf. Doch auch bei uns ist Abhängigkeit ein zentrales Schlagwort, wenn wir von der Landwirtschaft sprechen. Wir haben vorhin gesehen, dass rund zwei Drittel des bäuerlichen Einkommens aus landwirtschaftlicher Tätigkeit aus Fördergeldern stammt. Ohne sie ginge es nicht.

Das heißt, dass die Erzeugung von Lebensmitteln unter den gegenwärtigen Bedingungen nicht kostendeckend möglich ist. Jedes Jahr fließen in Österreich über 2,1 Milliarden Euro in die Landwirtschaft, mehr als 60 Prozent davon stammen aus dem EU-Budget. Mit den Fördergeldern wird aber weit mehr abgegolten als nur die Herstellung von Lebensmitteln. Es ist auch ein Beitrag zur Pflege der Landschaft, die für eine Tourismusnation von großer Bedeutung ist. Dennoch reicht es nicht. Wenn wir sehen, dass Unmengen an Steuergeld in die Erzeugung von Nahrungsmitteln fließen, die in Europa gar nicht benötigt werden, dann müssen wir die Sinnhaftigkeit dringend hinterfragen.

Gegenwärtig befinden wir uns in einer möglichen Neuausrichtung der europäischen Förderpolitik, die Gemeinsame Agrarpolitik der Europäischen Union wird aktuell verhandelt. Im neuen Finanzrahmen der Jahre 2021 bis 2027 soll das EU-Agrarbudget jedoch sinken, auch aufgrund des Austritts von Großbritannien. Doch wenn jetzt schon viele kleinbäuerliche Betriebe am Rande der Existenz stehen, wie soll das mit noch weniger Förderungen gehen? Und wie kann man sicherstellen, dass die Fördergelder bei jenen ankommen, die sie wirklich brauchen, und nicht in der Massentierhaltung landen und bei Konzernen, die sie für die Herstellung von Export-Pulvermilch verwenden?

Es ist wichtig, dass wir uns mit diesen Fragen beschäftigen. Als bewusste KonsumentInnen, aber auch als mündige BürgerInnen. Denn wenn wir wegschauen, dann entscheiden andere, was mit unserem Geld passiert. Es entscheiden andere, wie es den Tieren geht und wie sich unsere Natur entwickelt. Es setzen sich jene durch, die stärker sind, weil sie über das nötige Kleingeld und den entsprechenden politischen Einfluss verfügen. Dabei haben wir viele Möglichkeiten mitzuentscheiden. Über unseren Teller, jeden einzelnen Tag. Aber auch in der Gemeinschaft, durch demokratischen Druck von unten. Es wird Zeit, dass wir uns dieser Verantwortung bewusst werden. Wir sind viele. Nutzen wir das!

Teil der Lösung werden

Ich habe das große Glück, mit sehr vielen Menschen in Kontakt zu stehen, mich mit ihnen austauschen zu dürfen. Ich suche diesen Austausch auch, denn ich möchte mich vor der Eindimensionalität schützen, die schnell entstehen kann, wenn man zu selbstbezogen agiert. Jeder Mensch ist ein Träger von Wissen und ganz besonderen Erfahrungen, jede einzelne davon kann bereichernd sein. In unserer Zeit, wo viel von einem selbst zur Schau gestellt wird, in den sozialen Netzwerken etwa, erhält man auch Einblick in die Lebenswelten von Personen, mit denen man sonst vielleicht niemals in Berührung kommen würde. Da sieht man dann, wie vielfältig sich Menschen für ihre Umwelt einsetzen.

Wie stark sie sich für ihre Mitmenschen engagieren, für die Natur, für unsere Mitgeschöpfe, die Tiere. Für die Stimmlosen unter uns. Manchmal habe ich den Eindruck, nahezu jeder und jede macht irgendetwas für andere, ist in irgendeiner Weise ehrenamtlich aktiv. Ich meine damit über die eigene Familie und den eigenen Freundeskreis hinaus, für die Gesellschaft. Es geht mir dabei nicht um hochtrabende Projekte mit klingenden Namen und viel Rampenlicht. Ich meine die vielen HeldInnen des Alltags, die einige Stunden in der Woche oder im Monat, aus reiner Nächstenliebe, aus Freude an der Gemeinschaft, bei der Umsetzung von verschiedenen Aktivitäten mithelfen.

Die wenigen offiziellen Zahlen, die es dazu gibt, belegen diesen persönlichen Eindruck. Es sind unglaubliche 14 Millionen Arbeitsstunden, die jede Woche allein in Österreich ehrenamtlich erbracht werden. Schätzungsweise rund die

Hälfte der Österreicher über 15 Jahre engagiert sich in gemeinnützigen Organisationen, Vereinen oder in der Nachbarschaft. In Deutschland hat man 2009 die gewaltige Summe von 4,6 Milliarden Stunden errechnet, die jährlich von Menschen ehrenamtlich erbracht werden, es sind bis zu 35 Millionen Menschen, die sich in die Gemeinschaft einbringen. Und wenn man die unbezahlte Arbeit generell zusammenrechnet, meist von Frauen erbracht, dann ist es noch mehr.

Dann sind wir nämlich – die einzigen sehr konkreten Zahlen stammen aus der Schweiz – bei unfassbaren neun Milliarden Stunden an unbezahlter Arbeit, die pro Jahr erbracht werden. Das ist mehr als die bezahlte Arbeit und entspricht einer Wertschöpfung von fast 400 Milliarden Euro, allein in der Schweiz. Zurückkommend auf die Leistungen, die unbezahlt außerhalb der eigenen Familie und Freundeskreise erbracht werden, wurde etwa für Österreich 2015 grob ein Wert von über zehn Milliarden Euro an jährlicher Wertschöpfung errechnet, der von Ehrenamtlichen für die Gesellschaft erbracht wird. Und das ist, so der Studienautor, noch eine eher recht konservative Schätzung.

Wozu dieser Blick aufs Ehrenamt? Weil es wichtig ist zu sehen, wie viel schon geleistet wird. Manchmal verzweifelt man regelrecht angesichts der Entwicklungen in der Welt. Und man fragt sich: Warum macht niemand etwas gegen all das Elend? In Wahrheit machen schon viele Menschen sehr viel, sonst würde es ganz anders aussehen. Doch es reicht offensichtlich immer noch nicht. Das liegt auch daran, dass sich die Herausforderungen ständig ändern. Vor dem Jahr 2015, als eine große Menge an Menschen zu uns nach Europa flüchtete, hätte niemand gedacht, dass es so eine große Aufgabe für die Zivilgesellschaft werden würde, diese Menschen zu versorgen und zu unterstützen.

Oder denken wir an Unwetter, etwa die gewaltigen Überschwemmungen in Deutschland und Österreich, oder die Dürren in anderen Teilen der Welt. Das sind überwältigende Situationen, manchmal auch gänzlich unvorhersehbar, in denen wir alle unmittelbar zusammenhelfen müssen, weil staatliche Strukturen oft mit der Bewältigung von besonderen Notlagen überfordert sind. Jetzt kann man ausführlich diskutieren, woran das liegt, und sich über ein epidemisches Politikversagen echauffieren. Das hat seine Berechtigung, und wer mich kennt, weiß, dass ich das oft und gerne mache. Aber das ist hier und jetzt nicht mein Punkt.

Mir geht es nicht um die Schuldfrage, sondern darum zu überlegen, was wir als Einzelne und in der Gemeinschaft machen können, um einen Beitrag zur positiven Veränderung zu leisten. Denn wenn ich eines gelernt habe, dann, dass niemand es für mich erledigt, wenn ich nicht selbst bereit bin anzupacken. Auf die eine oder andere Weise. Es gibt so viele Wege, sich einzubringen. Manche machen das mit ihren Ideen, mit ihren Kontakten, ihren breiten Netzwerken. Andere stellen ihre Bekanntheit zur Verfügung, treiben Geldmittel auf. Und wieder andere packen vor Ort an. Alles ist wichtig und nichts ist dem anderen überlegen, es gibt keine Hierarchie bei Solidarität.

Und es gibt auch keine Hierarchie des Leids. Das Elend ist immer subjektiv. Armutsbetroffene in Deutschland oder Österreich haben eine vergleichsweise gute Absicherung und Versorgungslage, verglichen mit den Hungernden im Jemen. Den Hunden und Katzen bei uns geht es vergleichsweise gut, wenn wir uns die Not der Tiere in der Massentierhaltung ansehen. Verschmutzte Böden in der Schweiz sind im Vergleich zu brennenden Regenwäldern im Amazonas eine kleinere Herausforderung. Nein, genau diesen Fehler des gegenseitigen Aufwiegens und Aufrechnens sollten wir nicht begehen. Er führt zur Spaltung. Es gibt genug zu tun und wir sind viele, die etwas machen können.

Und wir brauchen nicht zwingend große oder etablierte Strukturen dafür. Eine der wichtigsten Erfahrungen der letzten Monate war für mich, wie schnell Menschen sich mit Freude und Herzblut einbringen, wenn sie davon überzeugt sind, dass es der guten Sache dient. Natürlich ist es manchmal leichter, wenn eine große NGO mit Millionenbudget und vielen Mitarbeitern organisatorisch bei der Umsetzung einer Initiative unterstützt. Aber letztlich geht es auch ohne sie. Das habe ich selbst erlebt. Das Einzige, was es braucht, ist der aufrichtige Wunsch und Wille zur Veränderung. Und der Mut zur gemeinsamen Tat. Wenn das vorhanden ist, dann lässt sich viel bewegen.

Wenn ich jetzt an das Elend der Tiere und die Zerstörung der Natur denke, dann habe ich erst in den letzten Monaten begriffen, dass ich ein Teil des Problems bin. Und wenn sich an der Fehlentwicklung in meiner Umgebung und in der Welt insgesamt etwas ändern soll, dann muss ich zum Teil der Lösung werden. Und zwar, ohne irgendwelchen Allmachtsfantasien zu verfallen, denn wir können als Einzelne nicht das große Ganze sofort ändern. Aber auch das große Ganze setzt sich aus vielen kleinen Teilen zusammen, und wie es so schön heißt: Jeder Regen beginnt mit einem Tropfen. Es geht also darum, zu diesem Tropfen zu werden und vielleicht das Fass, im positivsten Sinne, zum Überlaufen zu bringen.

Das Problem annehmen

Einsicht ist bekanntlich der erste Schritt zur Besserung. Einer der meistverwendeten Kalendersprüche, die ich kenne. Und trotzdem mit einer guten Botschaft. Ich meine damit aber die innere Erkenntnis, nicht ein öffentliches Schuldeingeständnis. Am Anfang jeder positiven Veränderung steht unweigerlich zunächst ein Problem, etwas Negatives, etwas Schlechtes. Und das gilt es nicht nur zu erkennen und zu verstehen, sondern auch anzunehmen. Das ist für mich Einsicht. Es heißt zu begreifen, wieso wir sind, wo wir sind. Nur so ist sichergestellt, dass wir eine nachhaltige, echte positive Veränderung bewirken und uns nicht auf der Ebene der Symptombekämpfung oder Behübschung bewegen.

Ich habe in diesem Buch viele Probleme skizziert. Ich bin dabei an manchen Stellen bewusst recht oberflächlich geblieben, weil es mir nicht um eine detailreiche Analyse des Negativen geht. Ich glaube, wir beschäftigen uns grundsätzlich viel zu intensiv mit der Anbetung der Asche als mit der Weitergabe des Feuers, um ein weiteres tolles Bonmot zu bedienen, das vom französischen Sozialdemokraten Jean Jaurès stammt. Er hat das in einem anderen Kontext verwendet, aber ich halte es deswegen für so passend, weil die Probleme ja nicht von sich aus entstehen. Sie werden oftmals erst dazu, weil wir uns nicht hinreichend mit ihnen beschäftigen. Und wo trifft das besser zu als bei unseren Lebensmitteln?

Die Industrialisierung, die Automatisierung, die Urbanisierung, das alles hat dazu geführt, dass wir uns immer mehr von der Natürlichkeit abgekoppelt haben. Und damit auch von dem, was uns formt. Wenig beeinflusst uns so stark wie unsere Ernährung. Und wir beeinflussen die Produktionsweise durch unser Konsumverhalten, aber auch durch unser (fehlendes) Interesse an der Lebenswelt der Bauern. Eine Landwirtschaft, die aufgrund des Profitdrucks immer industrialisierter wird, wo kleinbäuerliche Betriebe nach und nach aussterben und Gewinne vorwiegend in Handel und bei Agrarkonzernen gemacht werden, führt uns in die Sackgasse. Aber natürlich ist das keine Einbahnstraße.

Wir können genauso gut das System ändern, wenn wir beginnen, unsere Rolle darin zu hinterfragen. Dazu gehört am Anfang, dass wir anerkennen, dass wir derzeit Teil des Problems sind. Durch unüberlegten Konsum und durch unüberlegtes Wahlverhalten tragen wir dazu bei, dass sich die Welt in eine bestimmte Richtung entwickelt. Im Kapitalismus und in der Demokratie haben wir die Möglichkeit, gesellschaftliche Veränderungen auf zwei Arten zu beeinflussen: In der freien Marktwirtschaft gleicht jeder Kassenbon einem Stimmzettel zur Auswahl unter den vorliegenden Angeboten. Aber es ist der Wahlzettel, der entscheidet, was auf welche Weise produziert und angeboten werden darf.

Es ist wichtig, dass wir das verstehen. Nicht die Konzerne sollten entscheiden, was und wie sie es produzieren, sondern wir BürgerInnen. Dafür gibt es Gesetze. Sie sollen den Rahmen bereitstellen, innerhalb dessen entlang der jeweiligen Vorlieben ausgewählt werden kann. Aber die systematische Misshandlung von Tieren, die unwiderrufliche Zerstörung der Natur oder die Vertreibung von indigenen Völkern sollte nicht zur Wahl gestellt werden. Dort, wo wir Lücken im Gesetz haben, müssen wir sie schließen. Dort, wo wir uns im 21. Jahrhundert als Gesellschaft weiterentwickeln müssen, sollten wir es auch tun. Auch wenn so manche »Tradition« dafür geopfert wird.

Wenn wir aber verhindern wollen, dass Fortschritt zur Spaltung führt, dann darf er sich nicht innerhalb einer bürgerlichen Elite abspielen, sondern muss von der breiten Basis der Bevölkerung getragen werden. Und das funktioniert nur durch Bewusstseinsbildung. Ohne moralische Erhöhung, ohne Verdammung. Meine persönliche Erfahrung ist, dass die meisten Menschen gar nicht wissen, wie schädlich die gegenwärtige Produktionsweise von Lebensmitteln ist. Sie sehen die Medienberichte von den brennenden Regenwäldern und stellen den Bezug zum Schweinsbraten nicht her. Wie auch, wenn sie nicht darüber informiert werden, sondern in einer Werbe-Parallelwelt wandeln.

Der Grundstein für eine Veränderung muss im Bereich der Bildung gelegt werden, am besten schon im Kindergarten. Von klein auf sollten Kinder angehalten werden zu hinterfragen, woher ihr Essen stammt und wie es hergestellt wurde. Sie sollten schmecken und genießen lernen, kochen und aufbewahren trainieren. Damit würde auch der Verschwendung entgegengewirkt werden. Der Respekt vor dem Leben, das Mitgefühl mit Tieren, wird derzeit den Kindern ja regelrecht ausgetrieben. Denn am Anfang reagieren Kinder instinktiv richtig, wenn sie das Kalb als das Kind der Kuh bezeichnen.

Doch wenn schon meine Generation, die in den 1980er-Jahren geboren und aufgewachsen ist, also in einer Zeit, in der das Fernsehen noch nicht omnipräsent war und Smartphones noch nicht existierten, kaum Bezug mehr zu Natur und Tieren hatte, wie schaut es dann erst bei gegenwärtigen Generationen aus? Sie müssen Schritt für Schritt von uns herangeführt werden. Und ich merke, was für eine große Herausforderung das für mich als Vater ist, wo ich doch selbst nicht über diesen natürlichen Bezug verfüge. Aber es lohnt sich. Denn wahre Selbstbestimmtheit basiert nicht nur auf Wissen, sondern auch auf Erfahrung. Auf eigenen Begegnungen und persönlichen Erlebnissen.

Denken wir nur an das herausragende Engagement der vielen jungen Menschen bei »Fridays for Future« auf der ganzen Welt. Was aus der Verzweiflung eines Mädchens in Schweden geboren wurde, entfaltete sich zu einer der hoffnungsvollsten Bewegungen der letzten Jahrzehnte. Lassen wir die ganze Verschwörungskiste beiseite, ich will auch nicht auf den unerträglichen Hass eingehen, den Greta Thunberg auf sich gezogen hat. Bleiben wir bei der Sache, betrachten wir es ganz nüchtern: Letztlich hat da ein Mensch ein kleines Stück öffentlichen Raum mit seiner Trauer und seiner Wut erfüllt. Und zwar passiv, am Boden sitzend, mit einem selbst gemalten Plakat in der Hand.

Und die Möglichkeiten unserer Zeit, die sozialen Netzwerke, die digitale Verbundenheit von Milliarden Menschen, haben dazu geführt, dass andere Menschen schnell damit in Berührung gekommen sind. Plötzlich haben Millionen Kinder und Jugendliche an allen Orten des Planeten ebenfalls ihre Stimme erhoben, haben begonnen, sich in ihrer eigenen Lebenswelt einzusetzen. Sie wurden inspiriert und motiviert durch die Tat eines einzigen Menschen, an einem Ort, der nicht das Zentrum der Welt ist. Aber wir alle sind das Zentrum unserer eigenen Welt und wir haben die Macht, sie zu verändern, allein schon durch den Versuch und den Weg, den man dabei zurücklegt.

Ich erinnere mich auch gerne an die Erzählung eines bekannten österreichischen Schokoladeproduzenten, der auf dem Gelände seiner Manufaktur einen »essbaren Tiergarten« betreibt. Hunderttausende Menschen besuchen ihn jährlich. Es ist eine Mischung aus Bauernhof und Tiergarten, ein Ort, wo man Tiere kennenlernen kann, aber auch mit tierischen Erzeugnissen in Berührung kommt. Es soll eine Stätte der niederschwelligen, spielerischen Bewusstseinsbildung sein, aus der heraus sich im Idealfall Wertschätzung und Demut gegenüber jenen Lebewesen entwickeln sollen, die uns als Nahrung dienen. Also vorwiegend Schweinen, Hühnern und Rindern.

Am Anfang kam es immer wieder zu erstaunlichen Rückmeldungen von Lehrern, die mit ihrer ganzen Klasse gekommen waren. Diese berichteten, dass sie anfangs schockiert gewesen wären, hätten sie doch gedacht, es handle sich im »essbaren Tiergarten« um Schokoladentiere und nicht um lebende Wesen. Manche machten sich sogar Sorgen, dass es verstörend auf die Kinder wirken könnte, wenn man ihnen sagt, dass der Hauptbestandteil des eben konsumierten Burgers letztlich aus einer Freundin der Kuh Irmi bestand, dessen schöne große Augen sie zuvor noch bewundert hatten. Nein, das denke ich mir nicht aus, das ist tatsächlich passiert – und nicht nur einmal. Wundert mich überhaupt nicht.

Woher sollen sie es auch wissen? Es ist unsere Aufgabe, es ihnen zu vermitteln. Und zwar auf eine Weise, die sie nicht abschreckt, bloßstellt oder demütigt. Wie oft habe ich mir selbst spöttisch anhören müssen, dass wir Stadtkinder vermutlich auch glauben würden, dass die Milchkuh lila sei, weil wir sie nur aus der Werbung kennen. Ganz ehrlich: Ist das nicht ein Armutszeugnis für die ganze Gesellschaft, wenn wir Stadtkinder nicht mehr wissen, wie unsere Lebensmittel erzeugt werden? Lustig finde ich das überhaupt nicht und mit Spott hat man noch nie eine positive Veränderung bewirkt. Aber das Problem wird damit auf den Punkt gebracht: Konzernwerbung ist keine gute Informationsgrundlage.

Aber dann müssen wir uns eben bemühen, alternative Wege der Information zu bieten. Es geht dabei nicht darum, jemandem eine Entscheidung abzunehmen, also ein konkretes Modell der Ernährung oder des Konsums vorzugeben, als vielmehr darum, die Grundlage zu einer bewussten Entscheidung mit ihnen gemeinsam aufzubereiten. Die Kindergärten und Schulen sind dafür die idealen Orte, weil dort die Grundlagen gelegt werden. Aber auch in den Familien müsste viel mehr in diese Richtung getan werden. Und der Staat hat die Verantwortung, alle Instrumente zu nutzen, um für mehr Bewusstsein zu sorgen. Derzeit läuft das leider in die genau entgegengesetzte Richtung.

Da gab es vor ein paar Jahren in Österreich etwa ein kleines »Aufklärungsheft«, finanziert aus Steuergeld, in welchem anhand eines Comic-Schweins illustriert wurde, wieso sich die Tiere so freuen würden, für uns zum Schnitzel zu werden. Eine abstruse, poppig gezeichnete Erklärwelt wurde darin aufgebaut, in der die Tiere sich bereitwillig selbst zum Objekt degradieren und dem Leser, den Kindern also, lächelnd erklären, wieso es ihre Bestimmung sei, für sie als Wurst oder Braten auf dem Teller zu landen. Das Heft wurde nach großem Aufschrei zwar eingestampft, doch es hat gezeigt, wie falsch da etwas bei uns läuft.

Nein, der Staat schöpft seine Möglichkeiten noch lange nicht aus. Man muss kein Gegner der Mathematik sein, um zu hinterfragen, wieso die Berechnung von hochkomplexen Formeln so viel Zeit im Lehrplan einnimmt, während die Lehre über das Zusammenspiel von Menschen, Tieren und Natur so gut wie inexistent ist. Man erfährt im Biologie-Unterricht zwar einiges über die Zellteilung bei Fröschen, aber nichts über das Sozialverhalten der Tiere, über die Entstehung unserer Nahrungsmittel oder über die Auswirkungen ihrer Produktion. Man muss schon viel Glück haben, um in höheren Stufen in den Genuss einer persönlich engagierten Lehrkraft zu kommen, die sich dieser Dinge annimmt.

Das formale Wissen an sich ist eine gute, ja notwendige Grundlage, aber es verändert noch nichts in uns. Wie viel wissen wir theoretisch, leben es aber nicht, weil es keine emotionale Ankerung gibt? Wissen ist nutzlos, wenn es nicht angewandt wird. Doch dazu braucht es vor allem einen direkten Bezug. Wir sehen, dass Menschen um fünf Uhr morgens durch die halbe Stadt fahren, um rechtzeitig vor dem Diskonter zu sein, der ein hochpreisiges Handy um ein paar Euro billiger anbietet. Sie wissen genau, wo es zu finden ist und wann sie dort sein müssen, um sich etwas zu sparen. Sie wissen es, weil es ihnen wichtig ist. Weil sie darauf konditioniert wurden, dass Geiz geil ist.

Diese »Programmierung«, es gleicht schon fast einer Gehirnwäsche, müssen wir löschen. Wir müssen vielmehr dorthin kommen, als gesamte Gesellschaft, wo nicht jene die »Helden« sind, die möglichst günstig einkaufen, die das Schweinefleisch in Aktion um drei Euro pro Kilo ergattern, erzeugt in einer Tierfabrik in der Ukraine, gefüttert mit Gen-Soja aus dem Regenwald. Sondern jene, die bewusst kaufen. Die darauf achten, woher das Fleisch kommt, die hinterfragen, ob das Tier gut und würdig gelebt hat, welche Auswirkungen seine Produktion auf Natur und Klima hatte, und die sich dafür interessieren, ob der Bauer für seine Herstellung fair entlohnt wurde. Unmöglich? Nein, alles nur eine Frage des Wollens.

Hier bewegen wir uns wieder im Spannungsfeld von Eigenverantwortung, die wir steigern müssen, und Fremdverantwortung, die der Staat für seine Bürger trägt. Wir machen es uns zu leicht, wenn wir darauf verweisen, dass ohnehin alles im Netz steht und man sich nur dafür interessieren muss. Und wir machen es uns genauso zu leicht, wenn wir die ganze Verantwortung auf den Staat schieben. Aber ihm kommt eine besondere Rolle zu. Ich war sechs Jahre lang Leiter einer Erwachsenenbildungseinrichtung, weil mich der Gedanke der Volksbildung fasziniert hat. Ich fand es immer schon beeindruckend, wie sich Menschen in ihrer Freizeit aufmachten, um ihr Wissen zu erweitern und Talente zu entfalten.

Die für mich vielleicht wichtigste Erkenntnis in dieser Zeit war, dass es herausfordernd ist, Menschen zur Auseinandersetzung mit für sie selbst wichtigen Informationen zu bringen. Es geht um Verfügbarkeit, also um ein Angebot in der Nähe. Es geht um Leistbarkeit, damit keine ökonomische Barriere besteht. Aber letztlich geht es am allermeisten um Attraktivität, dass der Nutzen für den Einzelnen klar kommuniziert wird. Ich würde mir wünschen, dass nur annähernd so viel Aufwand betrieben wird, für die Prozesse und Produkte zu werben, die die Welt ein Stück besser machen, wie für jene, die auf Zerstörung und Ausbeutung basieren. Der Staat könnte das.

Im digitalen Zeitalter, mit all seinen Nachteilen, haben wir die Möglichkeit, dass wir Informationen schnell und einfach zugänglich machen können. Niemand hindert uns daran, mehr Transparenz einzufordern, und technisch wäre es schon lange möglich, vom Grashalm bis zum Schnitzel absolute Nachvollziehbarkeit zu gewährleisten. Dazu müssen wir aber auch wissen wollen, was wir essen. Und wieder: Die erste Hürde gilt es in uns selbst zu überwinden. Solange wir nicht wirklich wissen wollen, was um uns herum geschieht, brauchen wir uns nicht zu wundern, dass wir belogen und betrogen werden von jenen, die damit ein gutes Geschäft machen, dass sie Tiere, Natur und Menschen ausbeuten.

Natürlich geht das nicht von heute auf morgen. Ich sehe bei mir selbst, wie langwierig und mühsam es bisweilen ist, selbst wenn man sich schon das formale Wissen angeeignet hat, für eine Veränderung in der eigenen Lebenswelt zu sorgen. Weil wir Gewohnheitstiere sind, weil wir Routinen lieben und weil wir manchmal auch einfach faul sind. Ist so, da brauchen wir uns nichts vorzumachen. Deswegen sind Momente der persönlichen Begegnung so wichtig. Positive Erlebnisse, die eine intellektuelle Entscheidung emotional ankern und unterfüttern. Wie das Streicheln von einem Ferkel oder ein kleiner Plausch mit einer Kuh. Es bringt auf wunderbar sanfte und direkte Weise das zurück, was abhandengekommen ist: Mitgefühl.

Und das ist etwas ganz anderes als Mitleid. Denn die Fotos von den toten Ferkeln im Mülleimer, die »Abfallprodukte« der industrialisierten Aufzucht, oder die Videos von den Kälbern in den Tiertransportern, die emotionalisieren zwar auch, aber negativ. Sie machen uns traurig, sie schrecken ab, sie lösen vielleicht einen einmaligen Impuls aus, verschließen aber zugleich etwas in uns. Nein, wir brauchen kein Mitleid mit den Tieren, mit der Natur oder den nachfolgenden Generationen. Wir brauchen Mitgefühl. Wir müssen die Gefühle zulassen, die unweigerlich entstehen, wenn wir mit Lebewesen in Berührung treten. Es ist diese Form der Erfahrung, die zu einer inneren Veränderung führt.

Innere Veränderung stellt die Grundlage äußeren Wandels dar. Wir müssen uns zunächst trauen, in uns zu erschaffen, als Wunsch, als Traum, als Vorstellung, was wir dereinst in der Welt zur Realität geworden sehen möchten. Ich finde hier die Worte von Viktor Frankl, dem großen österreichischen Psychotherapeuten und Begründer der Existenzanalyse, sehr inspirierend, der sinngemäß meinte, dass wir das Mögliche nur dann gerade noch erreichen können, wenn wir uns das Unmögliche zum Ziel setzen. Das Träumen wird uns im Laufe des Lebens ja weitestgehend ausgetrieben, mit Sprüchen wie »Sei realistisch!«. Gut gemeint, aber der Entwicklung und Entfaltung hinderlich.

Sowohl der persönlichen als auch der gesellschaftlichen. Nein, ich denke, es ist sogar eine zwingende Notwendigkeit, dass wir uns den Visionen widmen. Dass wir die Wunschvorstellung träumen, denken und aussprechen. Eine Welt, frei von Tierleid? Frei von Unterdrückung, Ausbeutung, Zerstörung? Ja, wieso denn nicht! Es entspricht nicht meinem Menschen- und Weltbild, dass die Destruktivität, die gegenwärtig von uns auf diesem Planeten ausgeht, ein Naturgesetz darstellt. Es müsste nicht so sein. Aber es wird erst anders, wenn wir uns dafür entscheiden, es zu ändern. Und wenn wir uns dann dafür einsetzen. Das kann uns nicht allein gelingen, aber in der Gemeinschaft ist viel möglich.

Denken wir nur an die unglaublichen Errungenschaften, die wir über die Jahre vollbracht haben, weil wir uns das Ziel gesetzt und an der Umsetzung gewirkt haben. Technologische und kulturelle Meisterleistungen, angetrieben von Fantasie und Mut, aber auch von Unmengen an Energien und Ressourcen. Es war eine lange Reise bis zum ersten Schritt auf dem Mond. Ich meine damit nicht nur die reale Flugzeit, sondern auch unsere Entwicklung dorthin. Von den ersten systematischen Beobachtungen des Mondes über die Anerkennung der Erde als Kugel und die Erforschung der Naturgesetze bis hin zum Bau der Rakete und allem, was noch nötig war, vergingen Jahrtausende. Wo hat der Weg begonnen?

Wann immer ich mich traue, an eine Welt zu denken, in der auch noch meine Enkelkinder eine intakte Umwelt vorfinden, in der sie die Chance auf ein Leben in größtmöglicher Selbstbestimmtheit haben, dann stelle ich mir unweigerlich die Frage, was ich dazu beitragen kann. Ich kann die Zukunft nicht kontrollieren, auch wenn ich das manchmal gerne würde, wenn ich meinem kleinen Sohn in die Augen blicke. Aber ich kann die Gegenwart beeinflussen und damit auch die Grundlage für seine Zukunft. Doch nicht allein. Wir leben in einer egozentrierten Welt, wo manche die Gesellschaft als örtliche Häufung und temporäre Annäherung von parallel lebenden Individuen betrachten.

Ich sehe das nicht so. Gemeinschaft ist für mich gelebte Solidarität, mit der Anerkennung dessen, dass wir als Menschen, Tiere und Natur organisch verbunden sind und einander bedingen, als Fundament. Und in diesem Sinne brauchen wir Gemeinschaft, wenn wir unseren Planeten positiv beeinflussen wollen. Den Handlungsmöglichkeiten, die wir im Kollektiv besitzen, sind nahezu keine Grenzen gesetzt. Wenn wir wollen, können wir den Hunger besiegen, wir können die Verschmutzung beenden, wir können für Frieden und Stabilität, für Gesundheit und Zufriedenheit für all unsere Mitgeschöpfe sorgen. Das mag romantisch bis utopisch klingen. Aber das tut es nur, weil wir etwas vergessen haben.

Wir haben vergessen, dass vieles von dem, was ist, allein menschgemacht ist. Wir können dafür weder Gott noch »der Natur« die Schuld daran geben. Manche von uns weigern sich anzuerkennen, wie stark wir die Welt beeinflussen, denken wir etwa an die leidige Debatte rund um die Klimakrise. Und das ist verständlich, denn Selbsterkenntnis schmerzt. Das gilt nicht nur für uns als einzelne Menschen und den realen Blick in den Spiegel, sondern auch im übertragenen Sinne für uns als Gesellschaft. Es fällt uns mitunter schwer zu akzeptieren, wozu wir geworden sind über all die Jahre, fast wie schlafwandelnd, die Auswirkungen dessen ausblendend, womit wir uns nicht beschäftigen wollen.

Vielleicht hilft es uns, wenn wir aufhören, die Schuldfrage zu stellen. Wenn wir also weniger Zeit darauf verwenden, das Problem zu beschreiben, und mehr darauf, eine Lösung zu suchen. Es ist schon gut, die Entstehungsgeschichten zu kennen, auch um gewisse Fehler nicht erneut zu machen. Wie heißt es so schön und richtig bei George Santayana, dem spanischen Philosophen: »Wer sich seiner Vergangenheit nicht erinnert, ist dazu verdammt, sie zu wiederholen.« Ja, natürlich müssen wir uns damit beschäftigen, woher die Probleme der Welt stammen, wie es so weit kommen konnte, sonst machen wir manche Fehler erneut und wundern uns, wieso keine Besserung eintritt.

Aber wir dürfen dabei nicht der Versuchung verfallen, uns an den Verursachern abzuarbeiten. Denn letztlich ändert das auch nichts mehr im Hier und Jetzt, wenn wir den Finger ausstrecken und jene schmähen, die aus Ignoranz oder Unwissenheit, in voller Absicht oder schierer Verblendung getan haben, was sie eben getan haben. Wir brauchen doch unsere ganze Energie dafür, den Status quo zu ändern. Es wäre sinnvoller, wir begeben uns auf die Suche nach Verbündeten, nach Gleichgesinnten, statt auf die Suche nach Schuldigen. Zumindest habe ich mir das vorgenommen und ich hoffe, es gelingt mir auch. Auch wenn es manchmal, zugegeben, nicht so einfach ist.

Wenn wir nun wieder auf unseren Teller zurückkommen, von dem aus wir in diesem Buch die Welt betrachten und erkunden, dann ist dieser zutiefst ungleich gefüllt. Sehen wir uns die Ungleichverteilung auf der Welt an: Während fast eine Milliarde Menschen hungert und insgesamt sogar zwei Milliarden mangelernährt sind, leiden schätzungsweise drei Milliarden Menschen an Übergewicht. In Deutschland ist Übergewicht mittlerweile sogar die Norm, gelten doch 60 Prozent aller Erwachsenen als übergewichtig, bei Kindern ist der Anteil teilweise noch höher. Doch nicht nur in Deutschland ist das so, in 34 von 36 OECD-Ländern betrifft das mehr als die Hälfte der Bevölkerung.

Man muss sich das vor Augen halten: Jeden Tag verhungern bis zu 15.000 Kinder. Jeden einzelnen Tag. Währenddessen verursacht Übergewicht, etwa über Herz-Kreislauf-Erkrankungen oder Diabetes, immer mehr Todesfälle, es sollen weltweit schon viele Millionen pro Jahr sein. Wieso unterstreiche ich das so? Weil es zeigt, wie ungleich sich die Welt entwickelt hat, weil wir es zugelassen haben. Denn tatsächlich sind Hunger und Armut im 21. Jahrhundert vollkommen unnötig, denn wir leben global betrachtet im absoluten Überfluss. Wir haben es vorhin gesehen, allein mit dem, was verschwendet wird, könnte man alle Hungernden vielfach ernähren.

Mit all dem Geld, das jährlich in dunklen Kanälen verschwindet, könnte man jede soziale Leistung finanzieren. Die Armut wäre besiegt, wenn wir es nur wollen würden. Denn über 1.000 Milliarden Euro gehen jedes Jahr durch Steuerflucht oder Steuerhinterziehung verloren, allein in der Europäischen Union. Das sind derart große Dimensionen, dass sie für uns nicht mehr fassbar sind. Vielleicht behalten wir das im Hinterkopf, wenn wir uns das nächste Mal die Frage stellen, wie wir eine Verbesserung finanzieren sollen. Es ist nicht so, dass das Geld nicht da wäre, es ist nur falsch verteilt. Es ist nicht so, dass der Wandel nicht möglich wäre, es fehlt nur der Mut. Zu träumen, zu denken, auszusprechen und zu handeln.

Das ist kein Vorwurf, weder an Sie persönlich gerichtet, werte LeserInnen, noch an die Gesellschaft im Allgemeinen. Es ist eine Realität, mit der wir uns alle viel zu wenig beschäftigen. Und das liegt auch daran, dass wir abgelenkt sind. Weil wir gelernt haben wegzusehen, wo es uns schmerzt hinzusehen. Weil es in unserem Wirtschaftssystem geradezu gefördert wird, dass die wahrhaft schädlichen Prozesse weitgehend im Verborgenen ablaufen. Das geht nur, weil wir es akzeptieren. Weder die Massentierhaltung noch die Naturzerstörung oder die Finanzspekulation sind von Transparenz gekennzeichnet. Dabei könnte uns in einer Demokratie niemand daran hindern, für Offenlegung zu sorgen.

Feindbilder überwinden, Brücken bauen

Es gehört für mich zu den Schlüsselerkenntnissen meines Lebens, wie erschreckend hoch der Grad an menschlicher Selbstfesselung durch Glaubenssätze und Feindbilder ist. Nichts hindert uns so stark an der Weiterentwicklung wie die Vorstellung, dass es so sein müsste, wie es ist. Oder die Furcht, dass es noch schlechter kommen könnte, wenn wir in Frage stellen, dass wir etwas gerne anders hätten. Und wenn Sie genau hinsehen oder hinhören, dann spielen gewisse Interessensgruppen genau mit diesen Angstbotschaften. Nur nicht den Status quo in Frage stellen. Nur nicht an der »Tradition« rütteln, an dem, was immer schon so gemacht wurde und sich daher »bewährt« hat. Da geht es auch um Geld und Macht.

Denn es gibt viele Gründe, wieso sich die Welt so entwickelt hat. Und in den seltensten Fällen folgt diese Entwicklung irgendwelchen Naturgesetzen, wie wir gesehen haben. Fast immer steckt dahinter ein recht durchschaubares Interesse, meist von einer Gruppe, die auch in der Lage ist, ihre Interessen durchzusetzen. Und diese Leute haben auch kein Bedürfnis, dass sich daran etwas ändert. Ich könnte ein eigenes Buch darüber schreiben, mit welch absurden Begründungen ich in den letzten Jahren meines Wirkens schon konfrontiert wurde, wenn es darum ging, eine Veränderung zu verhindern. Gerade in der Politik wurden Ausreden regelrecht zu einer Kunstform entwickelt.

Ich möchte aber hier nicht zur Spaltung beitragen, sondern vielmehr für die Überwindung von Feindbildern plädieren. Viel zu lange habe ich mich mit den Gegensätzen beschäftigt, mit den scheinbaren oder realen Widersprüchen, die mich davon abhielten zu glauben, dass es auch anders geht. Das hat viel mit persönlicher Befindlichkeit zu tun, denn wir alle hören uns selbst mehr zu als unserem Gegenüber, und die digitale Welt, in der die allermeisten sich mehr oder weniger ständig bewegen, zeigt das auch wunderbar auf. Wir beobachten uns selbst in der Welt, nicht die Welt um uns herum. Als müssten wir ständig festhalten, dass wir noch hier sind, weil wir sonst Gefahr liefen, es zu vergessen.

Dabei liegt eine starke Kraft im Austausch mit der Umwelt, in der bewussten Begegnung mit unseren Mitmenschen und Mitgeschöpfen. Sie macht uns erlebbar, woraus wir bestehen, womit wir verbunden sind, denn wir erkennen einen gewissen Teil von uns selbst nur im Kontakt mit anderen. Das, was wir im Spiegel sehen, und das, was wir durch die Augen anderer über uns erkennen, ist nicht zu vergleichen. Wir berauben uns dieser wunderbaren Möglichkeit, die uns das Leben bietet, wenn wir in den Echokammern unserer Existenz verharren, weil wir zulassen, dass wir uns entlang von Hautfarben, Einkommenskategorien, Bildungsgraden, Geschlechtern, Nationalitäten oder Glaubensbekenntnissen spalten lassen.

Zurück zu unserem Teller. Wenn wir ihn als kleine Fläche sehen, auf der liegt, was wir in uns aufnehmen, dann ist sie auch ein Abbild dessen, was es in der Welt zu ändern gilt. Wollen wir, dass dort weiter vorwiegend Tierleid, Naturzerstörung, Klimawandel, Hunger und Armut liegen? Denn das ist es, was derzeit mit der vorherrschenden Art und Weise, wie wir Nahrungsmittel erzeugen und wie wir mit Lebensmitteln umgehen, verbunden ist. Oder wollen wir, dass aus dieser kleinen Fläche, die wir unmittelbar und mehr als vieles andere in unserem Leben selbst gestalten können, etwas wachsen kann, das sinnstiftend wirkt? In uns, für unseren Körper, und um uns, für unsere Umwelt.

Ich würde den Teller in diesem Sinne gerne als eine Fläche betrachten, einem Baum gleich, mit Wurzeln und Ästen. Die Wurzeln, das sind die Erde, der Boden, die Natur. Und auf dem Weg zu uns sind unsere Landwirte jene, die ihre Früchte nutzbar machen, die kultivieren, was uns nährt, die pflegen, was uns erhält. Ein Baum kann ohne Wurzeln nicht leben, jeder kleine Windstoß würde ihn umwerfen. So geht es uns auch als Gesellschaft, wenn wir den Bezug zur Natur und zu jenen verlieren, die in ihr und mit ihr arbeiten. Wenn wir die Bearbeitung den Maschinen überlassen, wenn wir Pestizide und Chemikalien einsetzen, um noch schneller noch mehr Ertrag zu generieren, der dann in der Mülltonne landet.

Wenn wir die Erde vergiften und damit den Lebensraum der Tiere zerstören, der kleinsten Organismen und der Insekten, dann vergiften wir damit auch unsere Wurzeln, die aufnehmen, was in diesem Boden steckt. Das gilt nicht nur für den Grund und Boden in unserer Heimat, sondern an jedem Ort auf der Welt, denken wir nur an die Regenwälder. Und wenn wir uns von jenen entfernen, die mit der Erde arbeiten, wenn wir zulassen, dass vorwiegend der Profit entscheidet, was auf welche Weise und zu welchem Zeitpunkt hergestellt wird, dann verlieren wir sie als unsere Verbindungsstücke. Das gilt insbesondere für jene unter uns, die in der Stadt leben. Und das werden bekanntlich immer mehr.

Wir müssen unsere Wurzeln sehen und wir sollten sie auch spüren, wir brauchen den Bezug zu ihnen, um Halt im Leben zu haben. Dann können wir bewusst konsumieren, dann werden wir uns trauen zu hinterfragen und schließlich erkennen, was auf unserem Teller landet. Wir haben dann nicht nur Antworten auf die Fragen, was da vor uns liegt, sondern auch, woher es kommt und welche Geschichte es in sich trägt. Das ist wichtig, denn wir nehmen es in uns auf und bauen uns daraus. Ist es eine Geschichte der Vertreibung, des Leids, der Zerstörung? Oder ist es eine Geschichte des Wachstums im Einklang von Menschen, Natur und Tieren, eine Geschichte des Miteinanders?

In diesem Bild wachsen aus unserem Teller die Äste, sie symbolisieren für mich die Zukunft, die Auswirkungen dessen, was unser Konsum im Hier und Jetzt für jene bedeutet, die nach uns kommen. Die nur aufwachsen können in dem Raum, den wir ihnen hinterlassen, die nicht entscheiden können, welche Welt sie vorfinden. Wie sollen sie sich ausbreiten, wenn wir sie nicht mit Nährstoffen versorgen, sondern nur mit Sattmachern? Wenn wir ihr Wachstum von klein auf begrenzen, indem wir sie durch Entfremdung und Verblendung zu bereitwilligen Empfängern einer Industrie erziehen, die nicht ihr Wohl und ihre Selbstbestimmtheit, sondern die Maximierung der Gelderträge im Sinn hat?

In diesem Bild ist der Teller, also der Raum, der vor uns liegt, auch das Feld, über das wir die Welt gestalten können. Es ist unser Acker, auf dem wir Solidarität säen können und damit zu Verbündeten unserer Landwirte werden. Jener Bauern in unserer unmittelbaren Umgebung, aber auch jener im globalen Süden, die derzeit beide gleich weit weg von uns scheinen. Das beginnt beim Griff zu heimischen, tier- und klimafreundlichen Produkten, umfasst aber auch eine faire europäische Handelspolitik, die nicht auf Ausbeutung und neokoloniale Konzepte ausgerichtet ist. Es ist der Garten, in dem wir Bäume pflanzen können, die noch unsere Enkelkinder und deren Enkelkinder mit gesunden Früchten zum Leben versorgen.

Ich bin weder Landwirt noch Ernährungswissenschaftler, möchte nicht am Versuch scheitern, Konzepte zu formulieren, die unsere Landwirtschaft revolutionieren oder die

Einbeziehung der Konsumenten in ihre Produktionszyklen grundsätzlich ändern. Dafür gibt es berufenere Menschen. Aber ich möchte das Bewusstsein dafür stärken, dass das möglich ist. Wenn wir uns als Verbündete betrachten, nicht als Konkurrenten oder als Gegenpole, dann ist dieser Wandel nicht länger eine Utopie, vor der wir die Augen verschließen müssen, weil es schmerzt, was wir für unerreichbar halten. Sondern dann werden wir noch miterleben, wie die ersten Knospen der Bäume blühen, an deren Blüten sich unsere Nachkommen erfreuen werden.

Ein dreifacher Appell

Ich möchte an dieser Stelle einen dreifachen Appell einbringen. Nicht als Mahnung, mehr als eine Bitte. Eine Bitte, die ich nicht nur an Sie, werte LeserInnen, sondern an alle Menschen habe. Und die ich gleichermaßen an mich selbst richte, jeden einzelnen Tag. Es ist zu einer Art Mantra für mich geworden, seit ich mich mit den Schrecken der Welt auseinandersetze, den Zusammenhängen, Auswirkungen und meiner Verbundenheit damit. Seit ich beschlossen habe, mich dafür einzusetzen, dass sie weniger werden. Und weil wir alle so geprägt sind von unserem Leben, von den Glaubenssätzen, die wir von Kindheitstagen an mitbekommen haben, müssen wir das regelrecht trainieren.

Der erste Appell richtet sich daran, unsere Sinne bewusster und verantwortungsvoller zu gebrauchen. Nutzen wir sie, um die Welt und ihre Entwicklung zu verfolgen, um uns darin richtig zu verorten. Sehen wir also hin, wo Unrecht geschieht, Gelegenheit dazu gibt es genug. Hören wir auf, uns Bilder vorgaukeln zu lassen, von denen wir im Grunde genau wissen, dass sie nicht die Realität abbilden. Schauen wir hinter Fassaden, die aufgebaut wurden, um uns zu täuschen. Die prächtig bemalt wurden, um uns abzulenken. Öffnen wir unsere Augen für die Unsichtbaren, die im Dunkeln leben müssen, weil wir uns von ihnen abgewandt haben, weil ihr Anblick uns schmerzt.

Hören wir hin, wenn die Natur mit uns spricht, wenn sie uns durch Wetterextreme vermittelt, wie schlecht es ihr geht. Wenn die Hungernden um ein Almosen betteln, in ihrer Verzweiflung gar ihr Leben riskieren. Wenn die Landwirte protestieren, weil sie um ihre Existenz fürchten, weil sie in der Rabattschlacht-Wirtschaft untergehen. Hören wir hin, wenn jene zu uns sprechen, die ihre Stimme für die Stimmlosen erheben. Diejenigen, die sich für Tiere, für die Natur, für die Ärmsten und Schwächsten einsetzen. Hören wir zu, wie sich unsere Kinder und Enkelkinder empören, weil die Entwicklung ihnen Angst macht, weil unsere Untätigkeit sie wütend macht. Hören wir, was sie uns zu sagen haben.

Schmecken und riechen wir wieder den Unterschied zwischen Nahrungs- und Lebensmitteln. Trainieren wir dafür unseren Geschmack und unseren Geruch, erkennen wir dadurch, was natürlich und was künstlich ist. Für viele von uns ist das tatsächlich eine große Herausforderung, die Industrie arbeitet hart daran, uns zu verwirren. Aber wir haben diese Sinne nicht umsonst. Sie sagen uns, was gut für unseren Körper ist und was nicht. Sie warnen uns vor dem Schädlichen und sorgen dafür, dass Essen nicht nur satt macht, sondern uns auch seelisch erfüllt. Es hilft uns dabei, den Wert dessen, was auf unserem Teller landet, richtig einzuschätzen. Und ihn entsprechend wertvoll zu befüllen.

Und trauen wir uns, das schlechte Gefühl zuzulassen, das wir verspüren, wenn wir die Bilder von den brennenden Regenwäldern, den leidenden Tieren, den armen Menschen sehen. Wenn uns das Unrecht begegnet und uns Ohnmacht, Trauer oder Wut verspüren lässt. Spüren wir diese Emotionen und akzeptieren wir sie als solche. Aber versuchen wir, sie umzuwandeln in eine gute Handlung. Nutzen wir die negative Energie vielmehr als Antrieb für das Positive. Das ist nicht leicht, es gelingt auch nicht immer. Aber es ist immer den Versuch wert. Weil eben nicht nur das die Welt verändert, was wir machen, sondern mindestens im gleichen Ausmaß auch das, was wir unterlassen.

Ich bin davon überzeugt, dass es uns gelingen kann, die Wegwerf-Gesellschaft, die sich etabliert hat, zu überwinden. Das ist mein zweiter Appell. Beenden wir bitte endlich das Wegwerfen von Lebewesen, von natürlichen Ressourcen, ja sogar von Menschen. Es hat sich eingeschlichen, dass wir unbedacht konsumieren, dass wir nicht über die Auswirkungen unserer Taten nachdenken. Unser Essen, wie wir gesehen haben, ist ein eindrückliches Beispiel. Was wir achtlos in die Tonne werfen, hat immer eine Geschichte, die wir fast nie bedenken. Und dem Akt der Verschwendung wohnt ein besonderer Frevel inne, angesichts dessen, welchen Wert das Weggeworfene hat.

Wir werfen ja auch jetzt nicht das weg, was einen gewissen Wert für uns hat. Und diese Werthaftigkeit entsteht zumeist im persönlichen Bezug. Wir alle besitzen etwas, das eine besondere Bedeutung hat. So wie der Apfelstrudel, den meine Großmutter gemacht hat, von dem ich aus Prinzip nie ein Stück weggeworfen hätte. Weil sie ihn gemacht hat. Weil ich wusste, dass sie ihn für mich gemacht hat. Weil er etwas symbolisierte, das weit mehr als ein kulinarisches Erlebnis für mich war. Es war ein Stück Beziehung, ein Stück Liebe. Und ich bin mir sicher, wenn Sie jetzt kurz darüber nachdenken, dann fällt Ihnen auch etwas Vergleichbares ein.

Wenn wir beginnen, uns mit der Welt und den Geschöpfen darin stärker und aufrichtig auseinanderzusetzen, sie zu sehen, zu hören und zu spüren, dann laden wir sie automatisch auch mit Wert auf. Und werden uns hüten, sie wegzuwerfen. Das gilt für unseren Teller gleichermaßen wie für alles andere in unserer Lebenswelt. Begeben wir uns auf die Suche nach dem Wert, der allem Leben innewohnt und der von uns nur wiedererkannt werden muss. Es zahlt sich aus, denn der kollektive Irrweg, den wir in den vergangenen Jahrzehnten eingeschlagen haben, zeigt uns, welch fatale Konsequenzen es mit sich bringt, wenn wir aufhören, uns als Teil des Ökosystems zu begreifen.

Und schließlich mein dritter Appell: Messen wir bitte dem Gemeinwohl eine ganz besondere Bedeutung zu. Die Individualisierung unserer Zeit hat auch zu Isolation geführt, die zwangsläufig mit Vereinsamung einhergeht. Vielleicht ist sie uns nicht immer bewusst, weil wir uns eine digitale Scheinwelt gebaut haben, in der wir scheinbar rund um die Uhr vernetzt sind. Oder wir haben gelernt, dieses Gefühl zu betäuben, auf die eine oder andere Weise. Aber in unserem Inneren spüren wir die Einsamkeit, wir spüren, dass wir uns entfernt haben, von uns selbst und unserer Umwelt. Nur die Gemeinschaft kann das auflösen. Und Gemeinschaft entsteht dort, wo Solidarität gelebt wird.

Solidarität heißt Mitgefühl haben und anzuerkennen, dass das reale oder abstrakte Gegenüber auch den Wunsch nach einem Leben in Sicherheit hat, frei von Angst und Schmerz. Wenn wir dieses Mitgefühl als handlungsleitende Größe in unserem Leben etablieren, dann stellt sich automatisch Solidarität ein, daraus ergibt sich zwangsläufig Gemeinwohl. Und dann können wir all die leidigen Konflikte hinter uns lassen, die sich aus dem Gefühl ergeben, benachteiligt oder schlechtergestellt zu sein. Wir können uns auf das Gemeinsame und nicht auf das Trennende konzentrieren und uns zusammen überlegen, wie wir die Herausforderungen, mit denen wir konfrontiert sind, bewältigen können.

Damit komme ich langsam zum Ende unserer gemeinsamen Reise. Es gäbe noch viel zu erkunden und zu reflektieren, viele Fakten und Daten zu beleuchten, aber dem werden wir uns ein anderes Mal widmen müssen. Ich hoffe, dass es mir in diesem Buch gelungen ist, entlang meiner eigenen Erfahrungen und Erlebnisse das Bewusstsein dafür zu schärfen, dass wir alle die Macht haben zu gestalten. Dass wir nicht allein sind in dem Wunsch nach Veränderung. Und dass es nicht zu spät ist, den einen Schritt zu setzen, den man in der Lage ist zu setzen. Er macht einen Unterschied. Sie, lieber Leser, liebe Leserin, können einen Unterschied in der Welt machen. Gehen Sie los. Ich wünsche Ihnen viel Erfüllung auf Ihrem Weg.

Und zum Schluss noch ein paar persönliche Gedanken von mir zu einer anderen Welt, die ich für möglich halte. Wer weiß, vielleicht träumen wir den gleichen Traum?

Eine andere Welt ist möglich

In jedem Ende steckt ein Anfang. Und wo das Persönliche endet, kann das Gemeinsame beginnen. Am Ende dieses Buches möchte ich daher die Saat für einen Anfang ausbringen. In gewisser Weise habe ich das mit meinen Erzählungen schon getan. Ich hoffe, dass meine Erfahrungen die eine oder andere Anregung mit sich bringen, dass daraus manche etwas für sich selbst ableiten können. Doch ich würde mich sehr freuen, wenn daraus nicht nur in vielen Köpfen und Herzen individuell etwas entsteht, sondern wenn damit auch das Fundament für eine kollektive Erfahrung gelegt werden kann. Was daraus wächst, welche Ernte wir gewissermaßen einfahren, das erleben wir dann gemeinsam.

Mein ganzes Leben lang schon strebe ich nach einer offenen Gemeinschaft der Gleichgesinnten. Wo das Verbindende, nicht das Trennende im Vordergrund steht. Wo man sich nicht über die Abgrenzung zu anderen definiert, sondern über die Verbundenheit mit ihnen. Ich bin in gewisser Weise ein dauerhaft Suchender und versuche mir das, trotz der vielen Pfade, die ich schon beschritten habe, zu behalten. Ich habe politische Parteien und viele Initiativen und Organisationen kennengelernt. Manche waren von Ideologien geprägt, andere von gemeinsamen Interessen. Manche eröffneten Raum zur Selbstentfaltung, in anderen war die Pflicht zum unbedingten Gehorsam dominant.

Die Erfahrungen, die ich dabei gemacht habe, waren gleichermaßen abschreckend wie anspornend. Frustrierend wie motivierend. Denn nur, weil ich diesen Ort noch nicht gefunden habe, heißt es nicht, dass es ihn nicht geben kann. Und vielleicht muss ich ihn auch selbst erschaffen, mit anderen Menschen, die ähnlich denken und empfinden. Ich träume von einer Gemeinschaft, die von dem Wunsch und Willen zur Veränderung getragen ist. In der es nicht darauf ankommt, wie alt, reich oder formal gebildet man ist. In der weder die Herkunft noch das Aussehen von Relevanz sind. Wo einzig wichtig ist, dass wir zusammenwirken, um einen nachhaltigen Beitrag zur Veränderung zu leisten.

Und zwar für unsere Mitmenschen gleichermaßen wie für unsere Mitgeschöpfe und die Natur. Denn ich bin davon überzeugt, dass man das nicht voneinander trennen kann. Und dass wir bestehende Trennungen überwinden müssen, wenn wir einen gesamtheitlichen Wandel anstreben. Mir ist das in den letzten Monaten vor dem Hintergrund der großen gesellschaftlichen Umbrüche, der dramatischen ökologischen Veränderungen, immer klarer geworden. Wir werden nur dann eine gerechtere Welt für alle erreichen, wenn wir auch alle einbeziehen. Wenn wir aufhören, künstlich zu differenzieren oder uns spalten zu lassen. Wenn wir uns auf die Suche nach dem Gemeinsamen machen.

Ich bin nun auf der Suche. In vielfacher Hinsicht. Ich habe mir vorgenommen, dass ich meinen Horizont kontinuierlich erweitern möchte. Dass ich Ausschau halte nach Möglichkeiten der Unterstützung für jene, die meine Unterstützung benötigen. Aber auf die Weise, wie ich am besten unterstützen kann. Das muss jeder und jede für sich individuell bewerten. Ich habe die Erfahrung gemacht, dass in einer Gemeinschaft für alle Platz sein kann. Für jedes Talent, für jede Neigung, für jede Leidenschaft. Und dass sie alle benötigt werden, um die großen Herausforderungen zu bewältigen, denen wir uns als Gesellschaft gegenübersehen. Die uns alle angehen, ob wir wollen oder nicht.

Ich spreche von Armut. Von sozialer Ausgrenzung, vom Hungern und vom Frieren. Von der Angst oder Gewissheit, nie dazuzugehören. Ich spreche von Kindern, die in Elend geboren werden und die ein Leben lang, egal wie sehr sie sich anstrengen, niemals daraus entfliehen können. Mit Eltern, die ihnen nicht helfen können, oder gar ohne Familie. Ich spreche von Menschen, denen nur ein halbes Leben zur Verfügung steht, weil manche Türen für sie immer verschlossen bleiben. Die von klein auf Mangel erleben, in der einen oder anderen Weise, und von ihm geprägt werden. Deren Chancen eingeschränkt sind und die kurz davor sind, die Hoffnung zu verlieren.

Ich spreche von Zerstörung. Vom Verlust an natürlicher Vielfalt, von der Vernichtung von Lebensräumen. Vom Leid von Tieren, gleich ob jenen in unserer Umgebung oder jenen am anderen Ende der Welt. Von einem Planeten im Umbruch, der sich nach und nach gegen seine Bewohner richtet, im verzweifelten Versuch, sich vom Raubbau und der Verschmutzung zu heilen. Der ins Ungleichgewicht geraten ist und dessen Reaktionen darauf derart zerstörerische Wirkung entfalten, dass sie unsere Existenz bedrohen. Aber noch viel mehr jene unserer Kinder und Enkelkinder. Ich spreche von einer ungewissen ökologischen Zukunft und der Gefahr, die Wunder der Natur endgültig zu verlieren.

Ich möchte daher nun eine Einladung aussprechen. Sie ist so simpel wie aufrichtig. Wenn Sie sich von dem, was in diesem Buch geschrieben steht, von meiner Perspektive auf die Welt, angesprochen fühlen, kommen Sie an meine Seite. Wenn Sie innerlich den Antrieb verspüren, positiv zu gestalten, in Ihrer eigenen Lebenswelt, aber verbunden mit Gleichgesinnten, dann nehmen Sie Kontakt mit mir auf. Wenn Sie sich Sorgen machen, aber nicht darin verharren wollen, wenn Sie über die eigene Sphäre hinaus ein Teil der Lösung werden wollen, dann schreiben Sie mir. Ich freue mich darauf, noch mehr Gefährten kennenzulernen, die mit mir den Weg der Veränderung beschreiten.

Denn jede Erkenntnis, so erhellend und kraftvoll sie auch sein mag, ist bedeutungslos, wenn wir sie nicht in eine Tat verwandeln. Und die Taten der Einzelnen bewirken noch mehr, wenn sie von den Taten einer Gemeinschaft umrahmt werden. Wenn wir Bezug aufeinander nehmen, wenn wir im Austausch bleiben. Wir Menschen sind in der Lage, so viel Schaden und Leid zu verursachen. Aber wir sind genauso in der Lage, Momente und Orte des Glücks zu erschaffen. Wenn wir nur einen Bruchteil dessen, was wir an schöpferischen Gaben zur Verfügung haben, zielgerichtet einsetzen, dann können wir wahrlich Großes bewirken. Um Not und Elend zu lindern. Um die Welt gerechter zu machen.

Ich weiß nicht, wohin meine Zukunft mich führt. Aber ich weiß, dass ich auch weiterhin gerne gemeinsam mit vielen wirken möchte. Mit Gleichgesinnten, die meine Ansichten und meine Ideale gleichermaßen teilen wie meinen Anspruch auf Wandel und den Mut zur Veränderung. Um es mit John Lennon zu sagen: »Manche mögen mich als Träumer bezeichnen, aber ich weiß, dass ich nicht allein bin.« Und ich spüre, dass es eine neue Gemeinschaft der Solidarität braucht, die Gutes tut. Vielleicht ist nun die Zeit gekommen, um sie zu gründen. Und vielleicht wollen manche von Beginn an dabei sein, sich mit ihren Mitteln und Möglichkeiten einbringen. Wagen wir den Versuch. Die Welt braucht es.

Wie sehr sie es braucht, das hat mir zuletzt auch die gesundheitliche und ökonomische Krise der letzten Monate gezeigt. Völlig unerwartet hat sie uns alle und natürlich auch mich und meine Familie persönlich getroffen. Und vielleicht hat sie auch mir den letzten Anstoß gegeben, jetzt etwas in Gang zu setzen. Denn wer hätte vor einiger Zeit noch gedacht, dass uns die ganze Fragilität unserer Existenz so klar vor Augen geführt wird. Und zwar weltweit, von Wuhan in China bis nach Brasilien, in Europa genauso wie in allen anderen Teilen der Erde. Noch dazu durch etwas, das man nicht sehen kann, das mit seiner ganzen Abstraktheit so gefährlich ist für unser Zusammenleben. Und nachhaltig prägend.

Was wir gemeinsam und jeder einzeln für sich in den vergangenen Monaten erlebt haben, kommt wohl in gewisser Weise einer Form der Traumatisierung gleich. Das hat viel Schaden angerichtet und wird uns noch lange beschäftigen. Aber wenn wir es richtig anstellen, dann können wir diese Erfahrung auch nutzen, um unsere Gesellschaft weiterzuentwickeln und Bestehendes zu hinterfragen. Denn wenn etwas jede Grenze und jede Barriere überwindet, dann wird man gezwungen, die Konzepte der Trennung zu überdenken. Letztlich sind sie künstlich. Wieso also nicht den Versuch unternehmen, sie zumindest gedanklich hinter uns zu lassen? Im geschützten Rahmen unserer Fantasie.

Von Pandemien und ihren Ursachen

Über Monate hielt die Welt den Atem an und blickte entsetzt auf die Zahlen von Infizierten und Toten durch das Corona-Virus. Während sich die öffentliche Aufmerksamkeit zunächst auf die Auswirkungen beim Menschen fokussierte, während die Eindämmung der Verbreitung und die Abfederung der teils drastischen Folgen für unser Zusammenleben und die Wirtschaft oft und intensiv diskutiert wurden, blieb ein Aspekt unterrepräsentiert: die Ursache. Woher stammt das Virus und was können wir tun, um ein Auftreten vergleichbarer Gefahren zu verhindern? Ich hätte auch nicht gedacht, dass das jemals mein Augenmerk auf sich ziehen würde, aber die Wurzel liegt in unserem Eingriff ins Ökosystem.

Auch hier zeigt sich, was für einen dramatischen Einfluss die Ernährung von Menschen hat.

Die Zerstörung der Lebensräume von Wildtieren und ihr Verzehr spielen eine zentrale Rolle bei der Entstehung von Infektionskrankheiten bei Menschen. Im tropischen Afrika etwa stellt Buschfleisch eine wichtige Nahrungsmittelquelle dar. Darunter wird gemeinhin das Fleisch von im Wald lebenden Säugetieren bezeichnet, deren Handel insbesondere im Kongobecken mittlerweile ein großes Geschäft darstellt. Der zweite Lungenflügel der Welt, wie der Regenwald im Kongobecken genannt wird, beherbergt mehr als die Hälfte aller Tierarten Afrikas. Die einzigartige Artenvielfalt wird aber nicht nur durch die Rodung der Wälder, sondern immer stärker auch durch die Bejagung von Wildtieren gefährdet. Dabei sind die Versorgung der lokalen Bevölkerung mit Fleisch von Wildtieren und der regionale Handel damit grundsätzlich kein neues Phänomen.

Und lange Zeit war es auch in Einklang mit dem ökologischen Gleichgewicht zu bringen. Doch mittlerweile werden jährlich Millionen Tonnen Buschfleisch gehandelt. Die Ausmaße sind aufgrund des Wachstums der ländlichen Bevölkerung und auch der erhöhten Nachfrage in den Städten derart stark angewachsen, dass inzwischen von einer »Buschfleischkrise« gesprochen wird. Die wird auch durch die Etablierung eines neuen Marktes für internationalen Export angeheizt, wo sich das in privatem Gepäck geschmuggelte Fleisch als Luxusgut etwa in Europa gut verkauft. All das führt dazu, dass gewisse Tierarten mittlerweile vom Aussterben bedroht sind, etwa der Westliche Gorilla.

Das Fleisch von über 30 Affenarten wird allein in Westafrika verzehrt und gehandelt. Die genetische Ähnlichkeit zum Menschen birgt ein höheres Risiko für die Übertragung von Erregern. So gibt es Studien, die einen Bezug von Buschfleischkonsum zu Ebola-Ausbrüchen aufzeigen. Auch das Ursprungsvirus von HIV wurde über den Verzehr von Menschenaffen auf den Menschen übertragen und ist dort mutiert. Mit diesem fatalen Eingriff in die Natur schaffen wir auch den Nährboden für Krankheiten, die sich fatal auf uns Menschen auswirken. Man schätzt, dass etwa 60 bis 70 Prozent aller Infektionskrankheiten von Tieren stammen und auf uns übertragen wurden.

Die meisten stammen von Wildtieren und sie werden auch durch Haus- oder Nutztiere übertragen, entweder durch direkten Kontakt oder über den Konsum von deren Fleisch, Milch oder Eiern sowie etwa über Stechmücken. Die sogenannten Zoonosen sind Infektionskrankheiten, die, ausgelöst durch Viren, Bakterien, Pilze oder Parasiten, von Tieren auf Menschen und umgekehrt übertragen werden. Dazu gehören unter anderem BSE, Pest, Malaria, Ebola, Tollwut oder Corona-Viren. Die Mehrheit der Erreger, die bei uns Menschen eine Krankheit auslösen, wird also von Tieren übertragen. Aber das müsste nicht sein, es ist eine Folge unserer Eingriffe in die Natur.

Etwa durch das System Massentierhaltung, für dessen gigantischen Futterbedarf die Regenwälder abgeholzt werden. Die Pfützen, die durch die Abholzung zur Erschließung von Anbauflächen entstehen, bilden ideale Grundlagen für die Vermehrung von Stechmücken. Aber auch die Vertreibung von Fledermäusen durch die Rodung von Wäldern, der Verlust einer natürlichen Barriere, stellt eine Gefahr dar. So zeigte ein Fall in Westafrika, dass das Ebola-Virus dort stärker auftrat, wo kurz zuvor Wälder gerodet wurden und Fledermäuse daher ihren Lebensraum in die Nähe von Menschen verlagert hatten. Über 11.000 Menschen starben in einer Epidemie.

In der Gülle wurden multiresistente Krankheitserreger und Antibiotika nachgewiesen, die durch ihre Ausbringung auf den Feldern in Böden, Pflanzen und Gewässer gelangen. Diese können eine schädliche Wirkung auf die Gesundheit der Menschen haben. Das Soja-Kraftfutter aus dem globalen Süden übersäuert nämlich die Gülle und sie kann dadurch zum idealen Milieu für Keime werden, etwa Ehec-Bakterien, landläufig auch unter E.Coli bekannt.

Einen anderen Weg können wir bei den Infektionskrankheiten beobachten, die aus Asien zu uns und in die ganze Welt gelangen, etwa bei SARS. Die Bezeichnung des aktuellen Corona-Erregers durch die WHO lautet SARS-CoV-2, die Kurzform für die Erkrankung lautet COVID-19, für *coronavirus disease 2019*. Seit Dezember 2019 ist sie dokumentiert, ihren Ursprung hat sie in China. Sehr wahrscheinlich scheint vielen Wissenschaftlern als Ausbruchsquelle eine Übertragung von der Fledermaus über einen Zwischenwirt auf den Menschen. Gesichertes Wissen ist das nicht, doch Fledermäuse können aufgrund ihres speziellen Immunsystems viele Viren in sich tragen, ohne selbst zu erkranken.

Eine andere Vermutung ist, dass die Übertragung durch den Konsum von Fleisch von illegal gehandelten Wildtieren erfolgte, etwa durch Pangoline. Diese einzigartigen Säugetiere gelten in manchen asiatischen Ländern als Delikatesse. Aus ihren Schuppen werden obskure Arzneiprodukte hergestellt, die zu horrenden Preisen verkauft werden. Der einzige echte Feind, den diese wunderbaren Tiere haben, ist der Mensch. Durch den leidvollen illegalen Handel gelangen die Tiere in Teile der Welt, in denen sie nicht heimisch sind, durch den Verzehr ihrer Körper können Erreger übertragen werden und sich zu tödlichen Krankheiten entwickeln. Ein Kreislauf des Schreckens.

Auch bei der SARS-Epidemie in den Jahren 2002 und 2003 wurden die Larvenroller, eine Art der Schleichkatzen, als mögliche Virenträger, jedenfalls aber als Überträger bestimmt. Sie sind in Südostasien sehr verbreitet und leben in Regenwäldern, vorwiegend in Indien, China sowie auf den Inseln Borneo, Sumatra und Taiwan. Sie sind durch die Zerstörung ihres natürlichen Lebensraums, etwa für die Palmöl-Produktion, gefährdet. Und auch sie werden als Delikatesse betrachtet und daher von manchen gerne gegessen, ihr

Kot wird in der traditionellen chinesischen Medizin verwendet. Auf diesem Weg soll sich nach Meinung von Experten das SARS-Virus auf den Menschen übertragen haben.

Auch wenn wir vielleicht nie endgültig und mit absoluter Sicherheit feststellen werden können, wo die für Menschen tödlichen Infektionskrankheiten ihren Ausgangspunkt genommen haben, so wissen wir doch recht genau, dass er bei den Wildtieren zu suchen ist. Durch die Zerstörung der Natur, durch die Vertreibung von Tieren aus ihren Lebensräumen, bringen wir das Ökosystem ins Wanken und damit auch uns selbst in Gefahr. Vereinfacht ausgedrückt: Die globale Ausweitung von Infektionen wird durch die Reduktion der Artenvielfalt befeuert und begünstigt. Die Art, wie wir unser Essen und die Rohstoffe dafür produzieren, wie wir es über die ganze Welt verteilen, spielt eine zentrale Rolle.

Es muss daher in unser aller Interesse sein, aus ethischen, ökologischen, aber letztlich auch aus gesundheitlichen Gründen, dass wir den Schutz der Wildtiere stärken, dass wir die Eingriffe in die Natur begrenzen. Und dass wir unser Bewusstsein dafür schärfen, wie stark alles miteinander verbunden ist. Viren machen keinen Halt vor Grenzen und sie interessieren sich auch nicht dafür, ob wir uns für ihre Entstehung verantwortlich fühlen oder nicht. Wenn wir durch einen aktiven Tier- und Umweltschutz auch einen Beitrag zur Reduktion von globalen Epidemien leisten können, dann haben wir einen Grund mehr, uns dafür einzusetzen. Ganz gleich, ob bei uns um die Ecke oder am anderen Ende der Welt.

Aber wenn uns die gegenwärtige Krise etwas gelehrt hat, dann unsere starke globale Verbundenheit. Binnen weniger Tage konnten Warenströme nicht mehr fließen, ergaben sich daraus nach einiger Zeit Engpässe in Europa. Weil wir in den vergangenen Jahrzehnten sukzessive die Produktion nach dem Billigstprinzip nach Asien ausgelagert haben, wo die Menschen für die Fertigung von Waren mit einem

Hungerlohn abgespeist werden und die Natur dafür ungeniert zerstört wird. Wir haben unsere Augen vor dieser bitteren Wahrheit verschlossen, weil wir uns nicht einschränken wollten. Weil wir in Wahrheit froh waren, dass das jemand anderer für uns erledigt. Das rächt sich.

Die ökonomischen Folgen der Corona-Krise werden Kosten in Höhe von Billionen Euro mit sich bringen. Und zwar für uns alle, denn am Ende trägt immer der Steuerzahler die Last. Das ist grundsätzlich gut so, schließlich leisten wir uns den Staat als Gemeinschaft gerade auch für Notsituationen. Wenn wir es aber nicht schaffen, aus dieser Erfahrung konkrete Schlüsse zu ziehen, dann schlittern wir vielleicht bald in die nächste Notsituation. Und das gilt es zu verhindern. Mich hat diese unmittelbare Krisenerfahrung sehr nachdenklich gemacht, aber letztlich auch dazu motiviert, mich intensiver mit der nötigen Wende zu beschäftigen, die wir im Sinne unserer Nachkommen bewirken müssen.

Die Aktionäre der Landwirtschaft

Ich möchte wieder auf unser Essen und unseren Teller zurückkommen, es betrifft aber gleichermaßen unsere Kleidung und viele andere Waren des täglichen Gebrauchs. Doch unsere Nahrung halte ich für besonders bedeutsam, nicht nur in der Problemanalyse, sondern auch in der Lösung von globalen Herausforderungen. In der Corona-Krise gab es ja den Aufruf von unseren Landwirten, wir mögen ihnen doch bei der Ernte zu Hilfe kommen. Denn plötzlich fehlten Tausende Erntehelfer, die aufgrund der Reisebeschränkungen nicht mehr einreisen konnten. Es wurde auf einen Schlag ersichtlich, wie viel wir in diesem Bereich ausgelagert haben. Doch nicht nur hier.

Auch in der Pflege wurde deutlich, wie stark wir mittlerweile davon abhängig sind, dass Menschen aus allen Teilen der Welt zusammenwirken. Ob sie es nun vor Ort bei sich machen, etwa in Ländern des globalen Südens, aus denen wir Rohstoffe und Produkte beziehen, oder ob es Menschen sind, die in unserer Gesellschaft wichtige Leistungen übernehmen. Es wäre unsinnig zu glauben, dass wir uns von der Welt abschotten können. Nicht nur, weil Tourismusnationen wie Österreich, die Schweiz und Deutschland auf offene Grenzen angewiesen sind, sondern weil wir stark exportorientiert wirtschaften, was maßgeblich zu unserem Wohlstand beiträgt.

Aber es macht einen gewaltigen Unterschied, ob ich weiß, woher die Dinge kommen, die mir angeboten werden, oder ob ich es bestenfalls vermuten kann. Ganz besonders gilt das beim Essen. Wir haben vorhin schon anhand von einigen Beispielen gesehen, wie intransparent unser System derzeit ist. Und welch gewaltigen Schaden das letztlich anrichtet. Wir erfahren nur in den seltensten Fällen, woher die Lebensmittel wirklich stammen und wie sie hergestellt wurden. Entsprechend wenig Verantwortung können wir in dieser Situation übernehmen. Doch was ist die Lösung? Wie können wir einen Ausweg finden, der auch praktikabel ist?

Im 21. Jahrhundert, wo uns allerlei technische Verfahren zur Verfügung stehen, sollte es grundsätzlich kein Problem mehr sein, die Herkunft von Lebensmitteln transparent und nachvollziehbar zu gestalten. Die Technologien existieren, die uns erlauben, am Ort des Einkaufs oder Konsums zu erfahren, woher das Essen stammt und wie es sich zusammensetzt. Und zwar verbindlich. Denn was nutzt uns ein weiteres Gütesiegel, das sich die Industrie selbst erfindet und von NGOs absegnen lässt? Was nutzen uns Sterne und Tabellen als Indikatoren, wenn wir nicht prüfen können, ob tatsächlich drinsteckt, was draufsteht?

Ich finde nicht, dass es zu viel verlangt ist, dass wir erfahren, wie unser Essen hergestellt wird. Und wenn wir diese Transparenz hätten, eine lückenlos dokumentierte und jederzeit von uns allen leicht prüfbare Transparenz, dann könnten wir auch Einfluss nehmen auf die Herstellung. Denn natürlich würden die meisten von uns lieber beim Bauern aus der Region ihre Lebensmittel beziehen, als die importierte Ware konsumieren zu müssen. Und damit die Nachfrage stärken, die so wichtig ist, damit die kleinbäuerliche Landwirtschaft eine existenzsichernde Perspektive hat. Und die brauchen wir, wenn wir uns nicht noch weiter abhängig machen wollen von Importen aus aller Welt.

Dazu braucht es aber ein radikales Umdenken in vielerlei Hinsicht. Zunächst auch, was die Frage der Erzeugung betrifft. Wenn wir gegenwärtig ein System haben, in dem 66 Cent von jedem Euro, den ein Landwirt mit seiner landwirtschaftlichen Tätigkeit verdient, von unserem Steuergeld stammt, dann sollten wir anerkennen, dass wir in Wahrheit schon jetzt die größten »Aktionäre« der Landwirtschaft sind. Und ich bin nicht der Meinung, dass wir hier weniger Steuergeld investieren sollten. Jeder Euro, der in die klima- und tierfreundliche Landwirtschaft fließt, der die Landschafts- und Kulturpflege stützt, ist gut und nachhaltig investiert. Aber er sollte auch genau so betrachtet werden.

Es ist eine Investition und kein Almosen. Die Erzeugung von Lebensmitteln, die indirekte Pflege der Böden und Gewässer, die Vitalisierung des ländlichen Raums ist kein Hobby und sollte den größtmöglichen Stellenwert in einer Gemeinschaft haben. Wenn wir wollen, dass unser Ökosystem überlebt, dass auch unsere Enkelkinder und deren Kinder eine intakte Umwelt vorfinden, dann müssen wir jetzt die Verantwortung dafür übernehmen. Wir als Aktionäre der Landwirtschaft haben ein Mitspracherecht darüber, wie produziert wird. Das bedeutet, dass wir ethische, gesundheitliche und ökologische Maßstäbe ansetzen müssen und die Konsequenz aufbringen müssen, sie durchzusetzen.

Ich meine damit etwa das Tierwohl. Ich finde es absurd, dass wir überhaupt noch darüber diskutieren müssen, ob wir gewisse Qualpraktiken weiter tolerieren und ob wir es uns leisten können oder wollen, Millionen von fühlenden Wesen für die Mülltonnen zu produzieren. Nein, es ist absolut inakzeptabel, dass auch nur einem einzigen Tier, gleich ob landwirtschaftlich genutzt oder nicht, Schmerzen und Leid zugefügt werden, nur weil es profitabler ist. Wir sollten Abstand nehmen von dieser entfremdeten Diskussion, in der wir um Zentimeter in Ställen feilschen, weil das Produkt am Ende sonst um einen oder zwei Cent teurer werden würde. Das ist unwürdig und gehört beendet.

Ich meine damit auch die Frage von Pestiziden. Es ist untragbar, dass wir immer noch gestatten, dass Methoden angewandt werden, die unsere Erde vergiften. Was kann aus einem verpesteten Boden anderes erwachsen als Schaden? Es ist nicht nur ökologischer, sondern letztlich auch ökonomischer Wahnsinn, mit der Natur auf diese Weise umzugehen. Als Aktionäre der Landwirtschaft müssen wir Einhalt gebieten und rigoros auf die Verschärfung der entsprechenden Gesetze pochen. Aber nicht nur über Anreizsysteme für das Gute, sondern auch über Strafen für jene, die sich nicht an die Spielregeln halten. Es darf nicht länger als Kavaliersdelikt angesehen werden, die Artenvielfalt zu vernichten.

Wenn wir uns tatsächlich als Miteigentümer betrachten würden, die wir aus meiner Sicht durch die Transferleistungen ohnehin schon sind, dann müssten wir uns aber auch für die Probleme in der Landwirtschaftlich verantwortlich fühlen. Es kann nicht sein, dass diejenigen, die eine der wertvollsten Leistungen für unsere Gemeinschaft erbringen, für einen Hungerlohn schuften müssen. Dass sie sich eine zweite Erwerbsarbeit suchen müssen, damit sie nebenbei noch die Lebensmittel für uns herstellen können. Das ist inakzeptabel.

Geben wir der Erzeugung von Lebensmitteln den Stellenwert, die sie verdienen. Und handeln wir in der eigenen Lebenswelt entsprechend. Denn die 66 Cent, die wir pro

Euro aus unserer Börse an die Landwirte zahlen, die reichen nicht. Wir werden uns auch daran gewöhnen müssen, dass unsere Lebensmittel teurer werden. Oder anders gesagt: dass sie endlich den Preis bekommen, der die realen Kosten widerspiegelt. Ein Liter Kuhmilch kann nie und nimmer um weniger als einen Euro abgepackt und gekühlt im Supermarktregal auf uns warten. Das geht sich nicht aus und das müsste uns allen klar sein. Wir sind bereit, bis zu 1.000 Euro für das neueste Handy zu bezahlen, wieso muss Essen spottbillig sein?

Und wieso muss es dermaßen im Überfluss vorhanden sein, dass es zu einem großen Teil im Müll landet, weil wir es nicht schaffen, es vor Ablauf der Haltbarkeit zu konsumieren? Das ist das stärkste Warnsignal. Auch hier sollten wir als Aktionäre der Landwirtschaft für einen Wandel plädieren. Hören wir auf, unnötig Ressourcen zu vergeuden, schauen wir lieber, dass wir sie sinnvoll einsetzen. Wir können uns das Billig-Nahrungssystem nicht mehr leisten. Lieber weniger produzieren, dafür besser. Lieber weniger einkaufen, dafür mit höherer Qualität. Natürlich werden das nicht alle Menschen so sehen. Aber das müssen sie auch nicht. Eine kritische Masse reicht schon aus.

Mitbestimmung neu definieren

Wir sollten uns schnell von der Vorstellung verabschieden, dass alle Menschen in einem Moment der Erhellung ihr Konsumverhalten plötzlich umstellen. Das wird nicht passieren. Und es ist auch nicht notwendig. Wenn uns die Geschichte etwas gelehrt hat, dann, dass es ausreicht, wenn einige wenige Prozent der Bevölkerung ihre Stimme erheben. Ich persönlich schätze, dass es wohl rund drei Prozent sein müssten, die wir brauchen, um eine systemische Veränderung zu erreichen. Aber wichtig ist, dass diese Menschenmenge geeint auftritt. Damit meine ich auch nicht vor Ort, denn heute ist die digitale Straße genauso bedeutsam wie der Protest auf dem Beton vor den Regierungsinstitutionen.

Wenn wir bei diesem Bild bleiben, dann wären das in Österreich und der Schweiz jeweils rund 250.000 Menschen, in Deutschland etwa 2,5 Millionen. Ist das wirklich so unvorstellbar, dass man eine solche Gruppe an Menschen zusammenbringt und auf ein gemeinsames Ziel einschwört? Ich glaube nicht. Denn wir haben jetzt schon weitaus mehr Menschen in jedem Land der Erde, die sich vegetarisch oder vegan ernähren, die auf regionale Lebensmittel achten, die sich mit ihrer Ernährung und der Herkunft der Lebensmittel, mit Fragen der Gesundheit und der Ökologie beschäftigen. Sie beschäftigen sich aber oft eher mit den Unterschieden.

Und dadurch geht die politische und gesellschaftliche Schlagkraft verloren, die benötigt werden würde, um tatsächlich eine Änderung des Systems zu bewirken. Es geht nicht darum, die Deutungshoheit über den anderen zu erlangen. Ich habe selbst oft miterleben müssen, wie Vegetarier und Veganer sich bekämpfen, wie sie gemeinsam gegen Konsumenten von regionalen Produkten auftreten. Statt zu verstehen, dass sie im Grunde alle das Gleiche wollen, vielleicht in unterschiedlichen Ausformungen, vielleicht auf unterschiedliche Weise. Aber am Ende ist ein positiver Wandel doch das Anliegen von all diesen Menschen, die aus gesundheitlichen, ökologischen oder ethischen Gründen ihren Konsum bewusster gestalten.

Natürlich fokussieren sich manche primär auf sich selbst, auf ihren Körper, auf ihre Gesundheit. Und sind weniger empfänglich für den Blick über den eigenen Tellerrand. Andere lassen diese Ebene eher außer Acht und richten all ihr Mitgefühl auf die Tiere, auf die Natur und vergessen dabei sich selbst. Wieder andere haben den Blick eher auf das große Ganze gerichtet, auf die klimatischen Auswirkungen. Aber all das hängt zusammen. Und die Herausforderung besteht darin, diese unterschiedlichen Befindlichkeits- und Interessenlagen zusammenzuführen. Darin sehe ich die zentrale Herausforderung für uns, die wir an einem strukturellen Wandel interessiert sind.

Ich habe die Erfahrung gemacht, dass wir allzu gerne in Kategorien denken und leben. Das gibt manchen von uns Sicherheit und es erleichtert auch die Bewertung der Welt. Doch darin steckt auch das Problem. Ich habe zuvor schon darauf hingewiesen, wieso ich es für fatal halte, wenn wir uns nur als Konsumenten betrachten, auf unsere Einflussmöglichkeiten als BürgerInnen aber vergessen oder darauf verzichten. Denn die Supermarktkassa ist nicht demokratisch. Sie ist nur für jene zugänglich, die entsprechend finanziell ausgestattet sind, und sie spielt mit dem Schein, dass wir tatsächlich entscheiden können, was sich in den Regalen wiederfindet. Dabei ist das nur die halbe Wahrheit.

Uns stehen viele Wege der Mitbestimmung offen und wir müssen erkennen, welche Möglichkeiten wir haben. In der eigenen Lebenswelt, auf dem eigenen Teller, aber auch in den Netzwerken, wo wir persönlich die stärkste Einflusskraft haben. Das eigene Wort zählt bei den Familienangehörigen, bei den Freunden, bei den Arbeitskollegen viel mehr als bei Fremden. Das ist logisch. Aber trotzdem nutzen wir diese Netzwerk-Kraft viel zu selten. Weil wir nicht aufdringlich sein wollen, weil wir Sorge haben, dass sich der Blick auf uns verändern könnte, wenn wir beginnen, über gewisse Perspektiven offen zu sprechen. Ich kann das gut nachvollziehen und habe das auch selbst schon oft erlebt.

Die Herausforderung besteht darin, es auf eine nicht moralisierende, nicht bewertende Weise zu machen. Wir beeinflussen automatisch und unbewusst unser Umfeld durch unser Vorbild. Dazu ist weder eine große Ansprache nötig noch ein erhobener Zeigefinger. Es dauert vielleicht länger, ist aber viel, viel effektiver. Ganz im Sinne von Gandhi und seinem Mantra, dass man selbst die Veränderung sein muss, die man sich für die Welt wünscht. Grenzen überwinden, die gedanklichen und emotionalen Barrieren überwinden, die wir alle in uns tragen, das ist eine große Aufgabe. Und sie fällt nicht leicht, denn wir alle sind in gewisser Weise konditioniert. Aber es ist der erste Schritt.

Mitbestimmung beginnt in uns selbst und kann sich von dort in unsere Umgebung verbreiten. Ich bin der Meinung, dass wir im 21. Jahrhundert neue Formen der Partizipation entwickeln müssen. Die klassische Mitgliedschaft in einem Verein, in einer Partei oder sonstigen Organisation ist für viele Menschen überholt. Sie wird als zu starr empfunden und hat tatsächlich zahlreiche Schwächen, wie ich selbst vielfach erleben musste. Ich denke, wir müssen intensiver darüber nachdenken, wie wir Organisationsformen entwickeln und leben können, die offen und flexibel sind. Die vielleicht auch nur themenspezifisch und temporär errichtet werden, ohne Generalanspruch.

Im digitalen Zeitalter stehen uns viele neue Kommunikationsinstrumente zur Verfügung, die Mobilisierung einfacher und kostengünstiger gestalten. Aber wir sollten sie auch zielgerichtet einsetzen. Petitionen etwa sind wunderbare Möglichkeiten der Meinungsexpression, aber auch Chatgruppen und Onlineforen können als Brücken fungieren. Wir können und sollen uns stärker vernetzen und einbringen. Und das nicht nur in zivilgesellschaftlichen und politischen Initiativen, sondern auch als wirtschaftliche Akteure. Jeder Einzelne von uns hat seine persönliche Kaufkraft zur Verfügung.

Und wenn wir ehrlich zu uns selbst sind, dann nutzen wir sie noch lange nicht so, wie wir könnten. Derzeit dominiert die Bequemlichkeit, ich nehme mich da selbst nicht aus. Aber es gibt mittlerweile genügend Angebote, die leistbar und verfügbar sind und die einen Unterschied bewirken. Die Direktvermarktung von Landwirten ist ein riesiger Zukunftsmarkt und könnte viele aus der Geiselhaft der Konzerne befreien. Ohne uns wird das aber nicht funktionieren. Nur wenn wir beginnen, unser Kaufverhalten zu ändern, können die Bauern sich aus dem Preisdiktat der Händler lösen und erhalten einen fairen Lohn für ihre Arbeit. Auch das kommt unmittelbar dem Tierwohl, dem Natur- und Klimaschutz zugute.

Es geht darum, Mitbestimmung neu zu definieren. Da gibt es vieles, was wir unmittelbar selbst als Individuen steuern können. Aber manches gilt es auch auf politischer Ebene zu beeinflussen, auf gesetzlicher Ebene zu ändern. Auf mich als Ökonom haben die lenkungspolitischen Maßnahmen des Staates immer schon eine besondere Faszination ausgeübt. Also die Frage, wie stark der Staat durch Besteuerung, Subventionierung und andere ihm zur Verfügung stehende Instrumente auf Preis und Verfügbarkeit von Produkten und Dienstleistungen konkret Einfluss nimmt. Ich denke, vielen von uns ist gar nicht bewusst, wie stark diese regulatorische Hand einwirkt – oder versagt.

Die Pyramide auf den Kopf stellen

Ich glaube, wir erleben gerade den Beginn einer echten Zeitenwende, auch was die Gestaltung unserer Wirtschaft betrifft. Einerseits durch die pure Notwendigkeit einer drastischen Adaptation, etwa aufgrund der Begrenztheit von Ressourcen. Allen muss inzwischen klar sein, dass wir nicht ewig mit Öl und Kohle arbeiten werden können, denn die Vorkommen sind endlich und deren Ausbeutung ist maximal schädlich für unseren Planeten. Wir müssen also alle vor- und nachgelagerten Prozesse rund um den Einsatz von fossilen Brennstoffen überdenken. Das stellt unsere globale

Wirtschaft vor eine gigantische Herausforderung. Aber das ist längst nicht die einzige.

Derzeit befinden wir uns in einem Netz von globalen Warenströmen, das kontinuierlich über Jahrhunderte aufgebaut wurde, sich aber in der Zeit seit dem Zweiten Weltkrieg stark dynamisiert hat. Keine Nation der Erde kann heute noch autark produzieren, alle sind mehr oder weniger auf Importe und Exporte angewiesen, um ihre Bevölkerung zu ernähren, um die Sicherheit und den Wohlstand zu sichern. Manche davon in größerem Ausmaß als andere, gerade Österreich, die Schweiz und Deutschland ganz besonders. Doch dieses Netz ist fragil, wie wir in der Finanzkrise 2008 und 2009 oder in der Corona-Krise erleben mussten. Daraus müssen wir das Richtige ableiten.

Die massive Ungleichverteilung, die sich in den letzten Jahrzehnten aufgebaut hat, ist auch Resultat eines Wirtschaftssystems, das die globale Arbeitsteilung begünstigt und Schieflagen befördert. Wir haben als Beispiel das mit Palmöl aufgefettete Magermilch-Pulver gesehen, das steuergeldfinanziert in den globalen Süden exportiert wird und dort lokale Märkte zerstört. Es gibt Dutzende solcher Beispiele und sie alle haben gemein, dass sie Abhängigkeiten generieren oder verstärken. Die einzigen Gewinner in diesem leidigen Spiel sind die multinationalen Konzerne, die ihre Produktionsweisen nicht am Gemeinwohl, sondern an der Maximierung der Profite ausrichten. So weit, so bekannt.

Aber wie kommen wir aus diesem zerstörerischen Kreislauf heraus? Nur durch eine radikale Reform der Steuersysteme. Ich bin der Meinung, dass wir jene Produktionsweisen, die für Menschen, Tiere und Natur am schädlichsten sind, auch am stärksten besteuern sollten. Und umgekehrt jene, die dem Gemeinwohl am meisten dienen, am wenigsten besteuern. Das ist vermutlich der stärkste Hebel, den wir als Gemeinschaft haben. Und auch der fairste, denn er ist demokratisch und nicht abhängig von der jeweiligen Finanzkraft der Konsumenten. Ganz im Gegenteil, nur Änderungen im Steuersystem führen zu einer nachhaltigen und echten Umverteilung von oben nach unten.

Das muss unser Ziel sein. Ich habe bereits ausgeführt, dass sich die Kleinbauern in Uganda und die Kleinbauern in Salzburg oder in Bayern im Grunde als Verbündete verstehen müssten. Doch das tun sie nicht, vielmehr werden sie in eine Konkurrenzsituation gezwungen. Zum Schaden von beiden und uns allen. Dem können wir nur entgegenwirken, wenn wir die lokale Produktion stärken. Das funktioniert über mehr Transparenz, damit Konsumenten tatsächlich auswählen können. Das geht aber auch über eine veränderte Förderpolitik, die wir gegenwärtig auf europäischer Ebene diskutieren und die Abhängigkeiten abbauen und Souveränität forcieren sollte.

All dem liegt ein zentraler Gedanke zugrunde: Jeder Cent an Steuergeld muss ausschließlich dem Gemeinwohl zugutekommen. Ich bin Realist genug zu wissen, dass wir das nicht von heute auf morgen bewerkstelligen werden können. Aber ich bin auch Realist genug, um zu wissen, dass wir es uns nicht leisten können, weiter zuzuwarten und weiterzumachen wie bisher. Sonst haben wir bald keine intakten natürlichen Lebensräume mehr, keine kleinbäuerlichen Strukturen. Das ist keine Dystopie, das sind Ableitungen der profund und wissenschaftlich abgesicherten Einschätzungen von Experten, etwa wenn es um das Artensterben oder die Klimakrise geht.

Wir müssen die Pyramide auf den Kopf stellen. Derzeit ist die große Masse der Bevölkerung im wahrsten Sinne des Wortes am Boden, verfügt kaum über finanzielle Reserven, wenig Kaufkraft und wenig Möglichkeiten der politischen Einflussnahme. An der Spitze hingegen befindet sich eine überschaubare Gruppe von Konzernen mit ihren superreichen Eigentümern, die nicht nur Steuern vermeiden, sondern auch Gesetze beeinflussen. Zahlreiche Fälle sind dokumentiert, sind Gegenstand von parlamentarischen und gerichtlichen Untersuchungen. Sie zeigen, wie diejenigen, die viel Geld haben, auch versuchen, sich die Gesetze zu kaufen, damit sie noch mehr Geld scheffeln können.

Unterstützt werden sie dabei von einer willfährigen »Dienstleistungselite«, die sich im Versprechen auf den eigenen Aufstieg und in vorauseilendem Gehorsam dafür hergibt, die Dinge in die jeweiligen Bahnen zu lenken. Und viele machen freiwillig oder unfreiwillig mit, getrieben vom Irrglauben daran, dass die eigene Leistungskraft tatsächlich dazu führen kann, ein besseres Leben zu erreichen. Doch das ist ein Versprechen, das nicht mehr eingelöst wird. Die wahren Leistungsträger, diejenigen also, die unsere Gemeinschaft am Laufen halten, in den Familien genauso wie in der Wirtschaft, werden zunehmend abgespeist, während die großen Gewinne von anderen gemacht werden.

Diejenigen nämlich, die stets lauthals vom »freien Markt« sprechen, die sich erbittert gegen höhere Steuern und mehr Eingriffe durch den Staat wehren, die am liebsten die Sozialsysteme abbauen und den sozialdarwinistischen Konkurrenzkampf vollends entfesseln würden, manipulieren im Geheimen die Regeln des Zusammenlebens. Und unsere Wirtschaft. Mit dem Effekt, dass bestimmte Steuern sukzessive gesenkt werden, während andere konstant hoch bleiben. Mit der Auswirkung, dass die Großen noch größer und die Kleinen weiter klein gehalten werden. Und zwar krisenresistent, wie uns die Entwicklungen seit 2008 gezeigt haben, wo vor allem die Allgemeinheit die Rechnung gezahlt hat.

Es wird Zeit, dass auch wir beginnen, uns zu solidarisieren und gemeinsam Einfluss auszuüben. Vom eigenen Teller bis hin zur digitalen Straße. Im eigenen Umfeld und genauso in neuen Formen zivilgesellschaftlicher Gemeinschaft. Sie mögen das Geld haben, aber wir sind viel mehr. Noch mögen wir in einem System leben, in dem das Unrecht belohnt wird, aber sehr lange lässt sich das nicht mehr aufrechterhalten.

Und wenn wir soziale Unruhen vermeiden wollen, wie wir sie in anderen Teilen der Welt bereits erleben, wenn wir diese »Bombe« der Spaltung entschärfen wollen, die sich durch die wachsende Ungleichheit entwickelt hat, dann müssen wir entschlossen und gemeinsam handeln.

Eines dürfen wir dabei aber keinesfalls machen: Wir dürfen uns keinen Verschwörungstheorien hingeben. Das Offensichtliche ist dramatisch genug, das Überprüfbare enthüllt seinen ganzen Schrecken, wenn man nur hinsieht. Die Fakten liegen auf dem Tisch, die Ungleichheit ist so groß wie schon seit hundert Jahren nicht mehr. Eine steigende Zahl von Menschen lebt von immer weniger, das betrifft gut Ausgebildete in den Städten genauso wie Landwirte. Nein, es gibt keinen »geheimen Plan« einer globalen Elite, sondern es ist die fatale Dynamik eines Systems, das vorwiegend auf Profitmaximierung ausgerichtet ist. Und genau das müssen wir ändern.

Den ökologisch-solidarischen Neustart wagen

Das Schlüsselwort dafür heißt Solidarität. Ich meine damit den Zusammenhalt, den wir brauchen, um Veränderung zu ermöglichen. Denn das schaffen wir nicht allein und es passiert auch nicht von selbst. Wenn wir wollen, dass sich etwas an den Zuständen in der Massentierhaltung und bei den Tiertransporten ändert, an der Zerstörung der Regenwälder, an der Verseuchung der Meere und der Vernichtung natürlicher Lebensräume, am menschgemachten Klimawandel oder am Niedergang der heimischen Landwirtschaft, um nur einige zu nennen, dann sind wir alle gefordert. Gemeinsam. Ich kann das nur stets wiederholen, weil ich es für zentral halte und mir das derzeit am meisten fehlt.

Eine Weiterentwicklung der gesellschaftlichen Beziehungen, auch der Wirtschaft, muss meiner Meinung nach ökologisch und solidarisch ausgerichtet sein, soll sie nachhaltig und fair sein. Was bedeutet das? Ökologisch heißt im Grunde nichts anderes, als dass das Zusammenspiel von Mensch und Natur gesamtheitlich betrachtet und als relevante Größe berücksichtigt wird. Wenn wir Veränderungen in unserer Gesellschaft vornehmen, dann müssen sie derart gestaltet sein, dass weder die Tiere noch die Natur, das Klima oder die Umwelt dadurch Schaden nehmen. Können wir das derzeit tatsächlich von den meisten Prozessen behaupten? Ich denke eher nicht.

Ich glaube, darin liegt die Wurzel des Übels. Wenn wir die Bedürfnisse einer Gruppe auf diesem Planeten wichtiger nehmen als die einer anderen, wenn wir dafür die Rechte anderer Gruppen systematisch einschränken oder missachten, dann produzieren wir ein fatales Ungleichgewicht. Das gilt auch für den Umgang miteinander innerhalb der Gruppe der Menschen. Wenn wir weiterhin glauben, dass wir ein System aufrechterhalten können, das auf der Ausbeutung des globalen Südens basiert, das sich auf die Ausbeutung von Menschen in Niedriglohnberufen auch hierzulande stützt, dann werden wir sehr bald den nächsten Crash erleben. Das sollten uns die vergangenen Jahre mehr als deutlich vor Augen geführt haben.

Das Gleiche gilt für den Umgang mit den Tieren und der Natur. Der kontinuierliche Raubbau an ihnen hat schon jetzt schreckliche Folgen für uns. Wir müssen die Grundsatzfrage, wie wir wieder Einklang mit der Natur herstellen können, immer öfter und lauter stellen und Wege finden, sie für uns als Individuen wie gesamtgesellschaftlich zu beantworten. Dazu werden wir lernen müssen, auf gewisse Dinge zu verzichten, die in Wahrheit keinen Verzicht darstellen. Ich denke etwa an die Wegwerf- und Überflusskultur, die wir schleunigst hinter uns lassen sollten. Und wir müssen lernen, Werthaftigkeit neu zu definieren, auch im ökonomischen Sinn. Etwa wenn wir an Ressourcen denken, die wir nicht der Erde entnehmen.

Eine ökologisch-solidarische Perspektive bedeutet für mich, wenn wir wieder auf die Ernährung als einen der Kernprozesse zurückkommen, dass wir den Konsum tierischer Produkte drastisch reduzieren. Und zwar so stark, dass wir sie nur noch auf eine Weise erzeugen können, die nicht mit unendlichem Leid und Elend verbunden ist. Das wäre nicht nur im Interesse der Tiere, sondern auch dem der Bauern und des Klimas. Und es ist möglich. Wenn wir die Produktion entschleunigen, regionaler gestalten, saisonal arbeiten und mit Transparenz und gezielter öffentlicher Beschaffung fördern. Keine Utopie, sondern eine reale Möglichkeit, die nur vom Willen der Politik abhängt.

Ich glaube, dass wir an diesem Wendepunkt, an dem wir uns gegenwärtig befinden, eine Entscheidung treffen müssen. Die Entscheidung, ob wir als Gesellschaft weiter das Ego in den Vordergrund stellen oder die Gemeinschaft. Ob wir das Konkurrenz- oder das Kooperationsprinzip anwenden. Ob wir unseren Kindern positive oder negative Vorbilder sein wollen. Und ob wir weiterhin zulassen, dass andere die Entscheidungen für uns treffen, weil wir wegschauen, weghören, stumm bleiben, obwohl wir wissen, dass vieles im Argen liegt. Aber wir sollten uns dessen bewusst sein, dass diese Entscheidung für uns getroffen wird, wenn wir uns weigern, sie aktiv selbst zu treffen.

Fragen Sie sich bitte, liebe Leserinnen und Leser, wenn Sie dieses Buch irgendwann zur Seite legen, was Sie selbst für eine Rolle in dieser Neuausrichtung der Welt spielen möchten. Denn es liegt primär an Ihnen, ob und was Sie machen. Natürlich haben wir alle unsere Beschränkungen, zeitlicher und örtlicher Natur, und nur gewisse Kapazitäten zur Verfügung. Aber im Grunde haben wir alle eine Stimme und können sie nutzen, können sie erheben. Ob in digital-sozialen Netzwerken oder in den ganz realen, die unsere Lebenswelt ausmachen. Wir haben viel mehr Möglichkeiten der Einflussnahme, als uns vielleicht in manchen Momenten bewusst ist. Daran kann ich nur erneut erinnern.

Fangen wir vielleicht wirklich bei unserem Teller an, nutzen wir die vielen Wege, die Welt über ihn zu gestalten. Blicken wir dann irgendwann auch über seinen Rand hinaus, in die Verbundenheit mit den anderen, die ebenso denken und fühlen wie wir. Setzen wir den einen Schritt der Veränderung gemeinsam, ob im Zuge einer Initiative oder auf andere Weise. Ich erneuere an dieser Stelle mein Angebot: Machen wir es zusammen. Lösen wir die blockierenden Glaubenssätze in unserem Kopf auf, dass wir nicht diejenigen sein können, die Geschichte schreiben. Wieso sollten wir nicht diejenigen sein, die eine grundlegende Veränderung in Gang setzen? Wer, wenn nicht wir?

Ein letztes Bonmot zum Schluss, Sie kennen es vermutlich. Es hat mich immer wieder inspiriert und in Momenten, in denen ich Angst davor hatte, ein Wagnis einzugehen, bestärkt. Und davon gab es wahrlich schon einige in meinem Leben. »Alle sagten: Das geht nicht! Dann kam einer, der wusste das nicht und hat es einfach gemacht.« In diesem Sinne: Lassen Sie uns die sein, die es einfach machen. Lassen Sie uns den ökologisch-solidarischen Wandel einläuten, der zu einem besseren Leben für alle Lebewesen führen kann. Weil wir wissen, dass eine andere Welt möglich ist. Und weil wir wissen, dass es schlicht unmöglich ist, dass wir alles so lassen, wie es derzeit ist. Es kommt auf uns an.

Epilog

Von der Ohnmacht zu einer historischen Initiative

Kennen Sie dieses Gefühl, wenn Sie vom Elend und der Not von Menschen oder Tieren hören, aber nicht wissen, was Sie jetzt machen sollen? Es ist eine Nachrichtenmeldung, ein Video in sozialen Netzwerken oder die Erzählung von Bekannten, die einen überwältigt. Es sind diese Bilder, die einen nicht mehr loslassen, die so schrecklich sind, dass man kaum hinsehen kann. Doch man macht es trotzdem, weil man es wissen muss. Und nach dem ersten Schock beginnt man zu grübeln: Was kann ich tun? Manche spenden, wenn sie es sich leisten können. Oder unterschreiben eine Petition. Aber es bleibt doch ein mulmiges Gefühl zurück, dass man gerne mehr machen würde, als man gerade kann.

Oder als man zumindest meint zu können. Denn wir lernen zwar von Kindheit an, dass wir uns »am Markt« behaupten müssen, dass wir in »Konkurrenz« zu unseren Mitmenschen stehen. Dass wir uns »besser verkaufen«, die »Ellbogen auspacken« und keine Scheu haben sollen, um unseren persönlichen Vorteil zu kämpfen. Schon in der Schule wird das Leistungsprinzip propagiert, werden Einzelleistungen stärker belohnt als Teamleistungen. Das Prinzip der Kooperation, der solidarische Gedanke also, der unsere moderne Gesellschaft überhaupt ermöglicht hat, geht immer mehr verloren. Und so sitzen viele von uns allein vor diesen schrecklichen Meldungen und fühlen sich ohnmächtig.

Zumindest mir ging es in meinem Leben oft so. Etwa wenn ich Bilder von ertrinkenden Kindern im Mittelmeer oder von verhungernden Kindern im Jemen gesehen habe. Wenn ich die leidenden Menschen vor dem Bombenhagel fliehen sah oder das Leid der Tiere in den Transportern auf dem Weg in den Nahen Osten. Wenn ich von erfrorenen Obdachlosen gehört habe oder von Frauen, die von Menschenhandel betroffen sind. Es gibt so viel Elend in der Welt und auch in unserer unmittelbaren Umgebung leiden Menschen und Tiere. Gerade in unserer digitalen Zeit, wo man dank Internet ständig und überall live dabei sein kann, wird diese Ohnmacht noch direkter spürbar.

Manchmal kann aus dieser gefühlten Ohnmacht aber auch etwas Wunderbares entstehen. Wenn man Glück hat, entwickelt sich aus dem undefinierten und vielleicht etwas naiven Wunsch des Einzelnen zu helfen mitunter eine sehr konkrete Initiative der vielen, die etwas in Bewegung bringt. Genau das ist mir vor einigen Jahren passiert. Und weil es so prägend für mich und meine Entwicklung war, weil es letztlich mitverantwortlich dafür ist, dass ich diesen Weg beschritten habe, und letztlich auch Inspiration war, dieses Buch zu verfassen, möchte ich diese Erfahrung gerne mit Ihnen teilen. Und ich möchte zeigen: Ja, es ist möglich. Auch wenn viele sagen, dass es das nicht ist.

Hier kommt die Geschichte des Tierschutzvolksbegehrens. Es ist die Chronik einer einzigartigen direktdemokratischen Bürgerbewegung, die sich zum Ziel gesetzt hat, das Bewusstsein der Menschen und gleichermaßen die Gesetze der Republik Österreich zu ändern. Zugunsten von Tieren und der Natur, für die Zukunft unserer Kinder und Enkelkinder. Sie ist noch nicht fertig geschrieben und man wird den Erfolg der Initiative wohl erst in einigen Jahren endgültig bewerten können. Aber es lässt sich für mich jetzt schon festhalten, dass es das wert war, diesen langen Weg zu beschreiten. Denn schon unterwegs wurde viel von der erhofften Veränderung bewirkt. Und so hat alles begonnen.

Am Wendepunkt

Im Sommer 2018 war für mich klar: Jetzt ist aber wirklich Schluss mit Parteipolitik! Ich hatte gerade meine ultimativen Lehren aus über fünfzehn Jahren des ehrenamtlichen parteipolitischen Engagements gezogen und mich für einen kompletten Ausstieg entschieden. Hinter mir lagen viele Monate der teils öffentlich ausgetragenen Streiterei und der schrittweisen menschlichen Entfremdung von meinen ehemaligen Mitstreitern. Ich war enttäuscht und erschöpft, aber dann auch wieder froh, dass ich dieses Kapitel endlich für mich abschließen konnte. Die Wochen davor waren hart und es fiel mir nicht leicht, etwas zu beenden, in das ich so viel Zeit und Energie investiert hatte.

Aber ich war an einem Punkt angelangt, wo ich für mich entschieden hatte, dass es besser war, aus dem parteipolitischen Karussell auszusteigen, als darin weiterzukämpfen. Auch weil ich in ganz unterschiedlichen Momenten bemerkte, wie negativ sich das auf meine Familie und mich auswirkte. Wie wenig Raum für das blieb, worauf es im Leben wirklich ankommt. Und egal, wie idealistisch du auch bist, egal wie groß die Leidenschaft auch sein mag, irgendwann ist der letzte Rest an Antrieb verbraucht, wenn du dich ständig mit persönlichen Befindlichkeiten und allerlei Irrationalitäten konfrontiert siehst. Dabei hatte das politische Engagement in meinem Leben immer einen zentralen Stellenwert eingenommen.

Seit meinem 16. Lebensjahr war ich politisch aktiv gewesen, in unterschiedlichen Rollen, Funktionen und auch

Parteien. Denn mein Orientierungsrahmen waren meine unabänderlichen Überzeugungen, weniger die Vorstellungen irgendwelcher Parteikader. Beginnend während meiner Lehrzeit als Jugendfunktionär in der Gewerkschaft, dann in der Studierendenvertretung, später als Mittelbauvertreter im Senat der Universität. Und am Ende im österreichischen Parlament, als Sprecher für Kinderrechte und Tierschutz einer kleinen unabhängigen Bürgerliste, die sich nach ihrem einzigen Erfolg, dem einmaligen Einzug in den Nationalrat, genauso schnell wieder auflöste, wie sie entstanden war.

Menschenrechte, Bildung und Tierschutz – das waren grob zusammengefasst meine wichtigsten Themen. Nicht von Anfang an, es hat sich eher über die Jahre entwickelt, auch entlang meiner beruflichen und privaten Erfahrungen. Die Menschenrechte stellten dabei anfangs ein historisches Erbe dar, dem ich mich als Nachkomme von politischen Flüchtlingen verpflichtet fühlte, war doch mein Großvater einst sozialistischer Landeshauptmann in Chile gewesen. Die Bildung wohl auch als Versuch der Bewältigung meiner eigenen miserablen Schulkarriere, der darin gipfelte, dass ich berufsbegleitend in kurzer Zeit meinen Doktor machte und früh Direktor einer Bildungseinrichtung wurde.

Der Tierschutz kam vergleichsweise spät in mein Leben. Eine Freundin sensibilisierte mich mit Mitte 20 für die Leiden der Tiere, erklärte mir erste systemische Zusammenhänge. Ich wurde – nach einigen Monaten der reflexartigen Abwehr – Vegetarier und begann, mich intensiver damit auseinanderzusetzen. Und erkannte schließlich für mich, dass mich das Elend der Tiere etwas anging. Ich hatte nie den Anspruch, mir ein großes Expertenwissen aufzubauen, schließlich hatte ich immer genügend echte Experten in meinem Umfeld, die mich beraten konnten. Aber ich baute es nach und nach in mein politisches Programm ein und machte es zu einem Kernthema einer Kandidatur bei Wahlen in Wien im Jahr 2015.

Trotzdem hätte ich nie gedacht, dass just dieser Bereich, die Frage des Umgangs mit Tieren und der Natur also und alles, was damit zu tun hat, einmal zum Motor meines politischen Wirkens werden würde. Aufgewachsen in der Großstadt, immer eine gewisse Affinität zu Autos habend, war ich wahrlich nicht der geborene »Öko«. In Wahrheit betrachtete ich die selbstgerechten Anwandlungen so mancher Mitmenschen immer skeptisch und empfand ihre Versuche der moralischen Überlegenheit als sehr nervig. Aber als dann 2017 mein Sohn auf die Welt kam, veränderte sich für mich alles. Auch mein Blick auf die Welt und auf mich in ihr. Und auf die Verantwortung, die ich für die Zukunft meines Sohnes trage.

Und so schloss sich über die Jahre ein Kreis meiner politischen Seinwerdung. Es kam einer idealistischen Vervollständigung gleich, als ich merkte, dass die Chancen im Leben meines Sohnes maßgeblich davon bestimmt sein werden, wie ich hier und heute agiere. Als sein Vater, aber auch als Bürger, als politischer Mensch. Die ökologische Komponente ist dadurch organisch über die Zeit für mich gleichrangig mit der sozialen geworden, das Streben nach einer ökosozialen Zukunft wurde handlungsleitend. Der Schutz von Tieren, Natur und Klima wurde integraler Bestandteil meines politischen Veränderungsanspruches. Bestehende Denkmuster wurden dabei aufgebrochen.

Zurück zum Sommer 2018. Ich war gerade mit meiner Familie auf Kurzurlaub, wollte mich ein paar Tage aus dem ganzen Trubel herausnehmen. Doch nachdem medial bekannt geworden war, dass ich mich politisch zurückziehen würde, kontaktierten mich viele enttäuschte WählerInnen und Menschen, die gehofft hatten, dass ich in der Politik etwas verändern werde können. Mir blieb nichts, als ihre Enttäuschung offen anzunehmen und mich bei ihnen aufrichtig zu entschuldigen. Denn ich verstand ihre Frustration, ihren Ärger. Auch ich war erfüllt von einem Gefühl der Ohnmacht angesichts der politischen Realitäten und meines Scheiterns beim Versuch, sie zu ändern.

Im Rahmen meiner Kandidatur bei den Nationalratswahlen 2017 hatte ich eine Tour durch ganz Österreich unternommen. Mein Fokus lag dabei programmatisch auf dem Schutz von Tieren und Umwelt, zum ersten Mal hatte ich mich bewusst auf diesen Bereich konzentriert. Mit Kind und Kegel im Gepäck besuchte ich Dutzende Gemeinden in allen Teilen des Landes, lernte Tausende Menschen kennen. Es war eine Art Aufbruchsstimmung für mich spürbar, und wo ich auch hinkam, mich empfingen Gruppen von Menschen unterschiedlichen Alters, die viel Hoffnung hatten. Hoffnung, dass sich nach dieser Wahl politisch etwas bewegen könnte.

In diesen vielen persönlichen Gesprächen, die ich auf meiner Tour geführt hatte, war der Tenor stets der gleiche gewesen. Immer ging es um Enttäuschung von der etablierten Politik, um den Wunsch nach authentischer Repräsentanz ihrer Anliegen. In der Theorie war mir bewusst, was Politikverdrossenheit bedeutet, aber wenn man sie konkret erlebt, vom Bodensee bis zum Neusiedlersee, dann verändert das die Perspektive. Diese intensiven Begegnungen, meist in kleinen Gruppen von 20 bis maximal 40 Personen, prägten mich. Ich baute einen echten Bezug zu all denen auf, die mir aufgrund dessen später ihre Stimme schenkten. Mehr noch, in dieser Zeit entstand eine tiefe Verbundenheit zu ihnen.

Bewegung durch Druck

Es war diese Verbundenheit mit ihrer unerfüllten Hoffnung, die mich antrieb, die vielen Nachrichten der Enttäuschung nicht unkommentiert zu lassen. Ich dachte nach: Was kann ich als Einzelner für Tiere und Natur machen, wenn ich keiner Partei angehören und auch keine NGO gründen möchte? Ersteres, weil ich genug hatte von Postenschacher und Egomanie, von Cliquenwirtschaft und Intrigen, die leider in jeder Partei zu finden sind. Zweiteres, weil ich der Meinung war und immer noch bin, dass es genug kleine und große Expertenorganisationen im Tier- und Umweltschutz gibt, die gute Arbeit leisten. Da brauchte es nicht auch noch mich.

Doch wenn wir diese beiden Optionen kategorisch ausschließen, welche Möglichkeiten des politischen Engagements bleiben uns dann als BürgerInnen noch? Als gelernter Buchhändler, studierter Ökonom und Volksbildner war es nie mein Anspruch, mir das größte Expertenwissen im Bereich Tier- und Naturschutz anzueignen. Ich wollte aber auch keine Straßen blockieren, nicht in Ställe einbrechen, mich nicht auf Schienen legen oder Büros besetzen. Alles, was radikal war, schreckte mich eher ab. Ich wollte lediglich mit meinen bescheidenen Möglichkeiten dazu beitragen, dass das Bewusstsein über Zusammenhänge und Auswirkungen des Umgangs mit Tieren in der Gesellschaft steigt.

Und ich wollte, dass die Politik sich insgesamt bewegt, alle Parteien und nicht nur eine einzige, die sich dann als »Öko-Partei« positioniert und ein Minderheitenprogramm abspult. Ich habe aber in den Jahren in der Parteipolitik beobachten müssen, dass diese Bewegung nur mit genügend Druck geschieht, niemals von selbst. Entweder mit Druck von oben, etwa durch den Einfluss wichtiger Entscheidungsträger, oder durch Druck von unten, wenn viele Menschen gemeinsam ihren Willen kundtun. Also dachte ich nach. Und währenddessen prasselten weiter die Nachrichten meiner enttäuschten Unterstützer auf mich ein. Jeden Tag Dutzende Mails. Meine innere Anspannung stieg.

Es mag aus der Ferne nicht leicht nachvollziehbar sein, wieso mich diese Nachrichten so berührten. Aber wenn man über Jahre eine Beziehung zu Tausenden im ganzen Land aufbaut, teilweise auch über die Grenzen hinaus zu Menschen, die einen in sozialen Netzwerken und persönlichen Begegnungen begleiten und Kraft geben, dann kann man nicht einfach abschalten. Man kann sich nicht aus der Verantwortung stehlen. Zumindest ich nicht. Ich hatte meine parteipolitische Arbeit beendet, aber mein Weg war noch lange nicht vorbei. Das war es, was mir diese vielen Nachrichten klarmachten: »Hey du, bleib hier. Deine Aufgabe ist noch nicht erledigt!«

In diesen Tagen telefonierte ich viel. Ich rief Vertraute an, teilte mit ihnen meine Gedanken, berichtete ihnen von den Entwicklungen. Es waren Menschen aus der Verwaltung und solche, die bei NGOs tätig waren, die ich für ihr Wissen und ihre Erfahrung respektierte. Und plötzlich lag am Ende eines Telefonats die Idee eines Volksbegehrens auf dem Tisch. Ich werde die Person, die diesen Vorschlag einbrachte, nie vergessen. Auch ihre Worte nicht: »Ich träume mein Leben lang schon von einem Volksbegehren für Tiere und Natur, das die Systemfrage stellt. Wieso nutzt du deine aktuelle Bekanntheit und deine Energie nicht dafür? Gerade weil du kein Experte bist, gerade weil du nicht aus einem Eck kommst.«

Familie und Sicherheit

Volksbegehren. Als ich das zum ersten Mal hörte, klang es für mich eher utopisch. Und unattraktiv. Ich muss gestehen, ich hatte mich bis dahin nicht intensiv mit Volksbegehren beschäftigt. Rechtlich gesehen ist ein Volksbegehren in Österreich, anders etwa als in Bayern oder in der Schweiz, ein eher schwaches rechtliches Instrument, hat also kaum verbindliche Wirkung. Dennoch ist es organisatorisch unglaublich aufwendig und muss komplett privat finanziert werden. Die Erfolgsaussichten sind gering, denn selbst wenn man die hohen gesetzlichen Hürden schafft, am Ende entscheidet allein die Parteipolitik. Also genau die Leute, die ich hinter mir gelassen hatte.

Trotzdem empfand ich es als eine spannende Idee und begann, mich zu informieren. Doch zuvor beriet ich mich mit meiner Frau. Mir war klar: Wenn ich das machen würde, was auch immer das alles mit sich bringen würde, dann nur mit vollem Einsatz. Das würde dann auch die ganze Familie betreffen, unser Privatleben umfassen und unseren kleinen Sohn, damals etwas mehr als ein Jahr alt. Ich musste Fragen der Zeitplanung und Finanzierung berücksichtigen, denn welchen Job kann man neben der Organisation einer solchen Initiative ausüben? Und wollte ich mich nicht aus der Öffentlichkeit ein wenig zurücknehmen, nach dem Ausscheiden aus der Politik? Sehr schwierig.

Man muss dazu an dieser Stelle wissen, dass mir meine Familie immer sehr wichtig war. Ich weiß nicht, ob das an meinen lateinamerikanischen Wurzeln liegt, an unserer Kultur, in der Familienzusammenhalt besonders hochgehalten wird. Aber ich wusste, dass ich ihr in den Jahren meines politischen Engagements schon viel zugemutet hatte. Meine Familie war mittendrin, wenn ich wiederholt Morddrohungen von Rechtsextremen erhalten hatte. Wenn dann der Verfassungsschutz unsere Wohnung inspizierte, um zu schauen, wie man sie noch besser absichern könnte, und auf behördliches Anraten hin eine Auskunftssperre beim Meldeamt verhängt wurde. Sicher ist sicher.

Sie war involviert, als ich von politischen Widersachern vor Gericht gezerrt wurde, um mich mit finanziellem Druck mundtot zu machen. Immer und immer wieder, mit teils absurd hohen Summen. All das hatte sie mit mir durchgestanden, aus Liebe zu mir, aber auch aus geteilter Überzeugung. Ich habe meine Familie immer als Fundament meines Lebens betrachtet und würde alles machen, um sie zu schützen. Deswegen war ich einigermaßen besorgt bei der Vorstellung, dass ich sie erneut stark belasten müsste mit einem Volksbegehren, das maßgeblich von mir als Person getragen werden müsste. Doch sie stärkte mir zu meiner Überraschung sofort den Rücken.

Ich telefonierte also weiter. Zwei Fragen wollte ich klären, bevor ich mich auf dieses Wagnis einlassen würde. Erstens: Bin ich tatsächlich die richtige Person, um so etwas zu initiieren? Macht das wirklich Sinn, wenn ein Mensch, der selbst kein Experte ist, zum Initiator eines solchen Volksbegehrens wird? Zweitens: Wie müssten das Programm und die konkrete Vorgehensweise aussehen, damit das Begehren auch wirklich Sinn macht – und zwar unabhängig von der Anzahl der Unterschriften oder der späteren Reaktionsweise der Parteipolitik darauf? Denn es sollte ja einen Beitrag zur Veränderung darstellen und kein Selbstzweck sein und in diesem Sinne auf jeden Fall ein Erfolg werden.

Diese Fragen waren für mich sehr wichtig, denn es gab einen guten Grund, wieso es bislang vergleichsweise wenige Volksbegehren in der österreichischen Geschichte gegeben hatte. Und noch weniger davon hatten die nötige Hürde von 100.000 Unterschriften übersprungen. Die direktdemokratische Beteiligung in Österreich ist, gelinde gesagt, ausbaufähig. Das ist kein Zufall, sie wird im Grunde nicht gefördert. Der Parteienstaat erodiert zwar auch bei uns sukzessive, aber noch sind die Strukturen und die politischen Prozesse allein auf ihn ausgerichtet. Ich war also mehr als skeptisch, ob das gelingen könnte. Noch dazu mit meinem hohen Anspruch nach absoluter Unabhängigkeit.

Doch die Rückmeldungen meiner Gesprächspartner überraschten mich. Denn das, was schon meine Vertraute als zentrales Argument angeführt hatte, hörte ich immer wieder: Gerade, weil ich nicht aus dem Tierschutz kam, weil ich weder einer Tierschutzorganisation noch der organisierten Landwirtschaft angehörte, weil ich die Parteipolitik hinter mir gelassen hatte, wäre ich ideal für ein solches Vorhaben geeignet. Quasi als prototypischer Konsument, als eine Art Brückenbauer zwischen Verbrauchern und Produzenten. Wenn ich es schaffen würde, mir diese Unabhängigkeit zu bewahren, mich nicht von politischen Parteien, Konzernen oder Interessengruppen vereinnahmen zu lassen, hätte das großes Potenzial.

Bewusstseinsbildung: der Weg als Ziel

Das war einleuchtend. Denn wer, wenn nicht ein Städter, der im Grunde selbst kaum Ahnung davon hatte, wie seine Lebensmittel erzeugt werden, wie die Lebensrealitäten der Landwirte und der Tiere aussehen, wäre besser dafür geeignet, einen gesellschaftlichen Dialog zu starten? Und zwar indem er sich selbst vorurteilsfrei auf die Suche nach Antworten macht. Beraten durch die führenden Experten verschiedener Bereiche, unterstützt durch starke Netzwerke, aber immer unter Wahrung absoluter Unabhängigkeit, mit der Perspektive der Verbraucher. Das überzeugte mich. Hätte ich früher über gewisse Zusammenhänge Bescheid gewusst, hätte ich schon eher etwas ändern können.

Blieb also noch die Frage der Inhalte und der Organisation. Ich sprach mit einem erfahrenen Campaigner, jemand, von dem ich wusste, dass er Ahnung hat. Er wies mich zunächst darauf hin, dass es nicht leicht werden würde. Ich solle mir das wirklich gut überlegen, denn einmal gestartet, gäbe es kaum mehr ein Zurück. Er erklärte mir auch, dass es das noch nie gegeben hätte – ein Volksbegehren in völliger Unabhängigkeit von allen politischen Parteien und mit eigenständiger Trägerschaft, ohne die Apparate oder das Geld der NGOs. Absolut frei, aber auch ohne den Schutz durch große Strukturen. Wir würden echtes Neuland betreten, zumindest in Österreich. Hier begann es, mich so richtig zu reizen.

Für mich war klar: Im Vordergrund musste der Bewusstseinswandel stehen. Ich wollte alles einfließen lassen, was ich in meinen Jahren als Leiter einer Bildungseinrichtung über die Vermittlung von Wissen und die Förderung von niederschwelligen Dialogen gelernt hatte. Wir wollten erreichen, dass mehr Menschen über ihre Möglichkeiten nachdenken. Über den Einfluss ihres Konsums, über die Handlungsmacht, die sie als Konsumenten besitzen. Gleichzeitig wollten wir aber auch dazu anregen, über die Grenzen des individuellen Handelns zu reflektieren und im besten Fall ein Bewusstsein über die Notwendigkeit neuer Formen des kollektiven Engagements zu stärken. Dann würde es einen Sinn machen.

In Wahrheit musste also der Weg das Ziel sein, die Zeit bis zum finalen Votum daher bestmöglich genutzt werden, damit möglichst viele Menschen erreicht und in den Diskurs eingebunden werden konnten. Auch in diesem Punkt würde dieses Volksbegehren sich von jedem anderen in der bisherigen österreichischen Geschichte unterscheiden. Denn bis dahin war es üblich, dass man möglichst kurz und fokussiert kampagnisiert, ausgerichtet auf größtmögliche Unterschriftenmaximierung. Mitunter auch durch gezielte Provokation und die mediale Inszenierung von Konfliktlinien, um mehr Aufmerksamkeit zu erreichen. Das ist vom Standpunkt der Effizienz durchaus sinnvoll.

Aber mir ging es um etwas anderes. Ich wollte nicht provozieren, wollte keine Konflikte entfachen, nur damit mehr Unterschriften zusammenkommen. Ich wollte auch nicht den einen großen BigBang erzielen, der ohnehin wie zumeist üblich wieder schubladisiert wird. Ich wollte vielmehr die Menschen zum Nachdenken und zum selbstbestimmten Handeln anregen. Und zwar in jeder noch so kleinen Gemeinde des Landes. Ich wollte bestehende Diskurse miteinander verbinden und nicht nur Tier- mit Natur-, Umwelt- und Klimaschützern vernetzen, sondern auch mit den Landwirten. Vielleicht war das auch eine naive Vorstellung. Aber das war jedenfalls meine Perspektive.

Inklusion statt Provokation

Ganz im Unterschied zu meinem bisherigen politischen Auftreten, das zeitweise von Zuspitzung als Mittel in der breitenwirksamen Kommunikation geprägt war, wollte ich verbindend wirken. Ich musste schließlich nicht mehr gegen politische Konkurrenten argumentieren, musste nicht mehr den Gesetzmäßigkeiten der politmedialen Inszenierung folgen, die ja viel zu oft dazu führt, dass wir alle gegeneinander statt miteinander handeln. Auch das ließ ich gerne hinter mir. Das ist wohl auch der größte Vorteil, wenn man in völliger Unabhängigkeit von Parteien, Konzernen und NGOs agieren kann – man muss nicht irgendwelchen »Notwendigkeiten« folgen.

Es sollte eine Kampagne werden, die nicht auf Feindbildern aufbaut oder diese kreiert, sondern eine Plattform des Dialogs zwischen den Erzeugern und den Verbrauchern eröffnet. Und zwar in den sozialen Netzwerken der digitalen Plattformen genauso wie in den vielen Regionen des Landes, den kleinen Gemeinden. Die den Versuch unternimmt, den unbewusst eingeübten und oftmals künstlichen Widerspruch zwischen dem Wohl der Tiere und dem Wohl der Bauern aufzubrechen. Auch das war von Beginn an ein integraler Anspruch meines Vorhabens: Die kleinbäuerliche heimische Landwirtschaft zu stärken, mit gesunden Tieren und einer intakten Natur als Lebensgrundlage der Bauern.

Denn heute noch mehr als vor ein paar Jahren erleben

wir oft, wie dabei Welten aufeinanderprallen. Hier die idealtypischen Konsumenten, die möglichst billig und bequem essen wollen und keinen Bezug mehr zur Herstellung der Lebensmittel haben, dort die oft romantisiert dargestellten Produzenten, die fair entlohnt und langfristig abgesichert werden wollen. Hier die Globalisierung, mit Freihandelsabkommen und Billigstimporten, dort die Sehnsucht nach dem Ursprünglichen, nach der Verbundenheit zur Natur. In allem steckt ein Fünkchen Wahrheit, auch in jeder Übertreibung. Aber wir sollten uns nicht auf die Widersprüche, sondern auf die Gemeinsamkeiten konzentrieren.

Ich wurde am Anfang mit diesem Anspruch oft kritisch beäugt, manche begegnen mir noch heute beim ersten Kennenlernen skeptisch. Das ist nachvollziehbar, war ich doch stets bekannt für harte politische Auseinandersetzung, und nun sprach ich mich für eine verständnisvolle Begegnung aus. Ich bin immer meinen eigenen Weg gegangen, habe mich nicht von den Regeln der Parteikader beeindrucken oder von Drohungen einschüchtern lassen. Das hat mir auch den Ruf als kritischer Geist eingebracht. Damit wurde ich zum politischen Kommentator in einem der größten Medienhäuser Österreichs, aber eben auch als lauter Mahner bekannt, der nicht so leicht zu kontrollieren war.

Umso wichtiger war mir, nachdem ich mich endgültig entschieden hatte, das Wagnis in Angriff zu nehmen, behutsam und Schritt für Schritt vom Ich zum Wir zu kommen. Denn es ging bei dem Volksbegehren nie um mich als Person, ich verstand mich immer als Lokomotive. Ich war vielleicht am Anfang die prominenteste Person unter allen Mitstreitern, im Laufe der Zeit stießen viel bekanntere Gesichter dazu, aus allen Bereichen der Gesellschaft. Aber im Zentrum standen immer die Tiere. Keine Ideologie, keine Befindlichkeit, keine versteckte Absicht. Denn es ist mehr als offensichtlich, dass wir etwas ändern müssen. Aus ethischen, aus gesundheitlichen und auch aus ökologischen Gründen.

Ich hatte mich also entschieden. Aber würde es mir gelingen, eine solche Initiative zu starten? Ich brauchte Fachwissen und Geld. Und beides waren für mich kritische Erfolgsfaktoren. Ich setzte mir ein Ziel: Wenn es mir bis Ende 2018 gelingen würde, zumindest die Rohversion eines Programms mit den kompetentesten Fachleuten zu erarbeiten und außerdem ein Grundkapital für die Kampagne aufzustellen, dann würde ich es öffentlich machen. Aber erst dann. Vorerst blieb es eine »Geheimoperation«. Denn ich musste im Laufe meines Lebens schon mehrmals beobachten, wie gute Ideen an mangelnder Vorbereitung scheiterten. Das wollte ich unbedingt vermeiden.

Der erste Teil, die Erarbeitung eines Forderungskatalogs, wurde mir weitgehend abgenommen. Ich formulierte lediglich meine Vision: Das Volksbegehren sollte eine systemische Veränderung ermöglichen, eine echte Agrarwende. Es sollte für mehr Tierwohl sorgen, ohne zulasten der kleinbäuerlichen heimischen Landwirtschaft zu gehen. Und es sollte den Tierschutz strukturell stärken. Nicht wissend, wie das aussehen könnte, übertrug ich die Koordination des Erstellungsprozesses an einen befreundeten Fachmann und sein Team. Es gibt viele tolle Menschen, die schon sehr lange in diesen Bereichen arbeiten, und die bat ich, sich dieser besonderen Herausforderung anzunehmen.

Denn ich bin kein Experte. Ich würde mich nicht einmal als Tierschützer bezeichnen, denn ich bin kein Aktivist und ich finde es anmaßend, mich mit jenen auf eine Stufe zu stellen, die ihr ganzes Leben in den Dienst dieser Sache gestellt haben. Ich bin vielmehr ein Tierfreund, jedenfalls ein Konsument und ein mündiger Bürger. Glücklicherweise fanden sich viele großartige Menschen aus allen Fachbereichen, aus der Veterinärmedizin, der Umwelt- und Naturforschung und aus der Landwirtschaft, aus dem amtlichen Tierschutz wie aus NGOs, die sich und ihre Expertise in den Erstellungsprozess unserer Forderungen einbrachten. So entstand das 14-Punkte-Programm des Tierschutzvolksbegehrens.

Es ist das Werk einer Gemeinschaft von Menschen, die erstmals in dieser Form zusammenarbeiteten. Und eine Besonderheit ist, dass alle politischen Parteien und Interessenvertretungen in den Erstellungsprozess von Beginn an eingebunden waren. Das stieß nicht nur auf Freude, sondern auch auf Verwunderung. Doch wie kann man besser sicherstellen, dass alle Perspektiven berücksichtigt sind, kein blinder Fleck übersehen wird, als wenn man sich mit möglichst vielen Fachleuten austauscht? Ich erinnere mich noch, wie mich ein hochrangiger Politiker bei einer dieser Konsultationsrunden verblüfft fragte: »Ist das jetzt ein Volksbegehren oder ein Parteienbegehren?«

Ich entgegnete, dass es ja die politischen Parteien seien, die am Ende im Parlament darüber entscheiden, und ich es ihnen nicht so einfach machen würde, sich darauf auszureden, nicht vorher um ihre Meinung und Expertise gefragt worden zu sein. Diese Spielchen kannte ich alle. Und ich war entschlossen, es den Parteien nicht zu einfach zu machen, sich aus ihrer Verantwortung zu stehlen. Doch nicht alle reagierten so. Manche brachten sich gut und intensiv ein und halfen mir auch, meinen Horizont zu erweitern. Das ist sicherlich eine der wichtigsten Erkenntnisse aus der Anfangszeit. Man muss sich immer die Offenheit bewahren, alle Seiten anzuhören und seine eigenen Ansichten zu überdenken.

Denn mir fehlten etwa die Perspektiven der Bergbauern, über die ich später im persönlichen Austausch noch viel lernen sollte. Ich kann es mittlerweile als echten Vorteil sehen, so unbedarft an dieses Vorhaben herangetreten zu sein. Denn so konnte ich, losgelöst von tradierten Denkweisen, von eingeübten Mustern und etablierten Normen, einfach Grundsatzfragen stellen. Und ich denke, dieser naive Zugang als interessierter Konsument, als Stadtmensch ohne direkten Bezug, eröffnete auch die Chance für das Volksbegehren zu wachsen. Manchmal belächelte man mich dafür, aber in der Regel wurde ich überall wohlwollend empfangen. Zumindest scheinbar.

Solidarische Gemeinschaft

Während ich also viel Unterstützung bei der Erstellung des Programms erhielt, die Expertise und der Erfahrungsschatz von vielen Menschen mit mir geteilt wurden, war die finanzielle Seite nicht ganz so einfach. Ich hatte mir vorgenommen, das Volksbegehren nicht von politischen Parteien finanzieren zu lassen, um keinen Verdacht der Befangenheit oder politischen Vereinnahmung aufkommen zu lassen. Ein ziemliches Novum, bisher hatte sich fast jedes Volksbegehren von der einen oder anderen Partei finanzieren lassen. Das ist auch nachvollziehbar, immerhin ist es mit großen Ausgaben verbunden und man erhält kaum Unterstützung von der öffentlichen Hand.

Und ich wollte auch nicht, dass dieses einzigartige Vorhaben von Konzernen instrumentalisiert wird. Es sollte die Sichtweise der Konsumenten und Produzenten widerspiegeln, nicht das Profitstreben der multinationalen Riesen. Es sollte die Interessen der Tiere, der Natur, der kleinbäuerlichen Betriebe und Verbraucher vertreten, nicht die Vorstellungen irgendwelcher Marketingabteilungen, die versuchen, aus allem den letzten Cent herauszuholen. Das unerbittliche Streben nach Profitmaximierung ist schließlich mit ein Grund dafür, dass Tiere objektiviert und misshandelt werden und unsere Natur zerstört wird. Der Handel ist zwar durchaus ein Innovator, wenn es um Tierwohl geht, aber bei Billigfleisch und Dumpingpreisen zeigt sich doch eine gewisse Doppelzüngigkeit.

Ich hatte also weder reiche Gönner hinter mir noch große Sponsoren. Aber ich hatte viele Menschen an meiner Seite, die mich schon lange begleiteten. Menschen, die meinen politischen Weg von Beginn an unterstützten, die mich kannten und schätzten. Und ich hatte sie noch nie um Geld gebeten. Ein wenig haderte ich mit mir, ob ich es tun sollte. Wie würde das auf sie wirken? Würde das unser Verhältnis belasten? Würden mich meine Gegner dafür angreifen? Es war keine leichte Entscheidung, aber letztlich blieb mir nichts anderes übrig. Irgendwie mussten wir die Finanzierung sichern. Und es gab noch einen weiteren Grund, wieso ich »meine Gemeinschaft« um Startkapital ersuchte.

Ich wollte, dass sie von Anfang an dabei sind. Ich wollte, dass sie es sind, die mit ihrer Spende etwas ermöglichen, das sonst keine Chance auf Realisierung hätte. Ich wollte, dass sie selbst zur Veränderung werden, durch einen kleinen persönlichen Beitrag zu einem Zeitpunkt, an dem noch gar nicht sicher war, was daraus wird. Also schrieb ich sie einfach an. Insgesamt über 1.000 Menschen erhielten eine persönliche Nachricht von mir mit der Frage, ob sie sich an einem Vorhaben von mir finanziell beteiligen würden. Ich saß nächtelang daran, sie alle einzeln zu kontaktieren. Und zu meiner Überraschung antworteten viele von ihnen. Binnen weniger Wochen hatte ich unglaublich viele Zusagen erhalten.

Es überwältigte mich, mit welcher Selbstverständlichkeit diese wunderbaren Menschen sich solidarisch mit mir zeigten. Wie schnell sie bereit waren, mich in dieser Sache zu unterstützen. Hundertfach hörte ich, dass sie sich freuen würden, dass ich nun selbst eine Initiative in Angriff nehmen würde. Es war genau diese gelebte Solidarität, die mir die Sicherheit gab, das Unterfangen tatsächlich zu starten, und die mich bis heute immer wieder motiviert weiterzumachen. Viele boten mir auch ihre aktive ehrenamtliche Mitarbeit an. Innerhalb kürzester Zeit konnte ich in allen Regionen des Landes kleine Teams aufbauen, lange bevor wir überhaupt irgendetwas veröffentlicht hatten.

Geschichte schreiben

Zu meiner großen Überraschung besaßen die meisten, die sich bei mir für eine ehrenamtliche Mitwirkung beim geplanten Volksbegehren meldeten, keinerlei politische oder organisationale Erfahrung. Sie waren nicht seit Jahren im Tierschutz aktiv oder bei einer Partei engagiert gewesen, sondern hatten sich in der Regel noch nie für den Tier- oder Umweltschutz eingesetzt, auch weil sie bislang keine passende Gelegenheit gefunden hatten. Es waren und sind Idealisten im besten Sinne des Wortes, die, beseelt von der gemeinsamen Vision, sich selbst einbringen, einen kleinen Beitrag durch ihr konkretes Handeln leisten wollten und wollen. In ihrer Gemeinde und ihrer Lebenswelt.

Genauso hatte ich mir das insgeheim gewünscht. Denn ich wollte nicht die Ressourcen der bestehenden Strukturen beeinträchtigen, deswegen hatte ich mich entschieden, die etablierten Tierschutzorganisationen nicht als Träger einzubinden. Die haben ihre bestehenden Aufgaben und sind damit schon gefordert genug. Sie wurden natürlich beim Erstellungsprozess des Programms involviert, aber ich wollte nicht, dass sie von ihrer eigentlichen Aufgabe abgelenkt werden. Denn das Volksbegehren sollte keine weitere Tierschutzorganisation werden, sondern der Versuch, das vorhandene Fachwissen und Engagement auf direktdemokratische Weise politisch zu verstärken.

Es ging dann alles sehr schnell. Ende November 2018 war es so weit, dass ich die Öffentlichkeit informieren konnte. Ich bat die Presse in die legendäre Loos-Bar im Zentrum Wiens, ohne noch genau zu sagen, was ich vorhatte.

Manche spekulierten, ich würde eine eigene Partei gründen. Wohl auch deshalb war die kleine Bar so voll mit Medienvertretern, dass ich mich mit meinen 15 engsten Mitstreitern, die aus allen Bundesländern angereist waren, hinter die Theke stellen musste. Und dann verkündete ich voller Stolz: »Wir starten ein Volksbegehren für die Tiere. Wir wollen Geschichte schreiben – für Tiere, Natur und unsere nachfolgenden Generationen.«

Ich stellte klar, dass wir politisch vollkommen unabhängig agieren und uns bewusst als Pro-Bauern-Initiative verstehen würden. Ich wusste, dass es große Sorgen gab, wir würden einen radikalen Ansatz vertreten und uns vielleicht auf die Bauern als Feindbilder einschießen. Ich unterstrich, dass wir weder den Fleischkonsum verdammen noch die vegane Welt propagieren würden. Mir war wichtig, das in aller Deutlichkeit zu sagen, auch wenn ich dafür später heftig kritisiert wurde. Und ich kündigte an, dass wir den Dialog forcieren und die unterschiedlichen Perspektiven sichtbar machen wollten. Wir wollten die Mehrheitsmeinung abbilden – nicht mehr, aber auch nicht weniger.

Das Echo auf diese erste Ankündigung war gewaltig. Hunderte Nachrichten erreichten mich, nach wenigen Wochen waren es bereits Tausende Menschen, die sich für eine aktive Mitwirkung registriert hatten. Und so begann etwas, dessen Ausgang ich heute noch nicht abschätzen kann, von dem ich aber mittlerweile weiß, dass es historischen Charakter hat. Nicht nur wegen der Besonderheiten der absoluten Unabhängigkeit und des Anspruchs der systemischen Veränderung. Sondern auch, weil aus einer Idee eine Bewegung wurde. Eine Bewegung, die von dem Willen getragen ist, über Parteigrenzen hinweg zu gestalten. Eine Bewegung, in der alle einen Platz haben, die einen persönlichen Beitrag zum Wandel leisten wollen.

Veränderung passiert in uns

Viel hat sich seit diesem Anfang im Herbst 2018 getan. Hunderttausende haben mittlerweile auf die eine oder andere Weise an unserer Initiative mitgewirkt, haben das Volksbegehren unterschrieben, sich selbst eingebracht. Hunderte Veranstaltungen wurden durchgeführt und im öffentlichen Diskurs, in der medialen Berichterstattung, ist die Stimme des Tierschutzvolksbegehrens als Stimme der tierfreundlichen Konsumenten eine fixe Größe geworden. Dieses erste Ziel unserer Initiative, die Stärkung des Bewusstseins über Zusammenhänge, ist ein ständiger Prozess. Aber ich wage zu behaupten, dass wir erreicht haben, diesen Prozess anzustoßen, ihm eine neue Dynamik zu geben. Auch wenn die Corona-Krise unseren Weg kurzzeitig unterbrochen hat.

Wir haben das Programm einer Regierung beeinflusst. Zentrale Bereiche aus unserem Forderungskatalog wurden entweder gänzlich übernommen oder zumindest teilweise berücksichtigt. Und dort, wo wir bei dieser Regierung noch nicht mit den konkreten Inhalten untergekommen sind, haben wir zumindest erreicht, dass es erstmals ein starkes Bekenntnis zur Notwendigkeit eines echten Wandels gibt. Vier amtierende BundesministerInnen sowie Dutzende Abgeordnete aus allen Parteien haben das Volksbegehren persönlich unterzeichnet. Das gab es in der Geschichte noch nie. Auch in diesem Sinne haben wir bereits unser Ziel erreicht, nämlich die Politik zu verändern.

Nicht zuletzt haben wir aber, und das ist mir persönlich die wichtigste Größe, den gesellschaftlichen Dialog maßgeblich befördert. Wir haben KonsumentInnen und ProduzentInnen in Austausch gebracht, haben unterschiedliche Gruppen vernetzt, haben Brücken gebaut. Wir haben damit wohl auch geholfen, gelernte Glaubenssätze aufzubrechen und Verständnis zu entwickeln. Ich hätte es nicht vermutet, aber das war die größte Herausforderung im gesamten Prozess. Damit sind wir natürlich noch lange nicht am Ende, aber es sind bereits wichtige Schritte gesetzt worden. Das Fundament ist gelegt, auf dem wir in der verbleibenden Zeit weiter aufbauen können. Und das werden wir, wenn auch in anderer Form als ursprünglich gedacht. Denn die Corona-Pandemie zwang uns zur Abkürzung, zur Umstrukturierung und zur Neuerfindung unserer Initiative.

Wenn ich ein vorläufiges Resümee ziehen müsste, dann haben wir den Großteil unserer Ziele bereits erreicht. Aber natürlich streben wir nach mehr, nach einem echten Systemwandel. Und dazu braucht es noch viel, viel mehr Druck von unten, noch viel mehr Bewegung in der Gesellschaft und in der Politik. Ich habe mich nie der Illusion hingegeben, dass es mir mit einer direktdemokratischen Initiative in Österreich gelingen könnte, die Politik grundsätzlich zu verändern. Aber ich hätte auch nicht gedacht, dass so viel Bewegung in so kurzer Zeit möglich ist. Das Wunder der Gemeinschaft.

Ich muss gestehen, mir ist immer noch nicht ganz klar, wie sich das alles weiterentwickeln wird. Ich kann nicht abschätzen, was aus dem Impuls weiterhin entstehen wird. Dabei denke ich nicht nur an den Ausgang des Volksbegehrens. Ich denke auch an die Menschen, die sich über einige Jahre hinweg an einem Vorhaben beteiligt haben, das letztlich eine revolutionäre Grundidee in sich trägt. Eine Idee und den Anspruch, unseren Mitgeschöpfen gegenüber mehr Achtung und Demut entgegenzubringen, sowie mehr Verantwortungsübernahme für die Entstehung und Verteilung der Mittel, die wir zum Leben benötigen.

Und zwar losgelöst von bestehenden Strukturen, die im besten Fall organisatorisch unterstützend wirken können, mitunter gedanklich und emotional aber einengend auf viele Menschen wirken. Und daher eine blockierende Wirkung haben können, die den persönlichen Einsatz hemmt. Den Rahmen der Beteiligung und des Engagements bestimmen in unserer Initiative daher nicht irgendwelche vorgefertigten Mechanismen, scheinbaren Notwendigkeiten oder Zwänge, sondern allein der Grad an Bewusstsein und Mitgefühl, das Maß an persönlicher Umsetzungskraft, angetrieben durch den Glauben an Veränderung jedes Einzelnen.

Wir haben es Tierschutz-Volksbegehren genannt, es könnte aber genauso gut Gemeinwohl-Volksbegehren heißen. Oder Volksbegehren für eine klima-, tier- und umweltfreundliche Landwirtschaft. Oder Volksbegehren für eine ökosoziale Zukunft. Denn all das steckt in dieser anfänglich kleinen Initiative, die beständig gewachsen ist, ohne Strukturen aufzubauen. Und sie wächst in den Köpfen und Herzen der Menschen weiter, die mit ihr in Berührung kommen. Und wenn wir Menschen dazu ermutigen können, gewisse Zusammenhänge zu überdenken, sich selbst als Gestalter der eigenen Lebenswelt zu betrachten, dann hatte das, was wir machen, einen Sinn. Das war von Beginn an der Anspruch, das eigentliche Ziel: Selbstermächtigung zu befördern.

Aber egal, wie es am Ende auch ausgehen mag, ob es uns tatsächlich gelingt, die politischen Parteien für immer zu verändern und die gesetzlichen Rahmenbedingungen zumindest zu reformieren, ob wir all unsere Forderungen zur Gänze durchsetzen werden oder vielleicht auch nur einige von ihnen – es ist für mich der Versuch, der zählt. Es ist die Absicht der Beteiligten, auf die es für mich ankommt. Die wunderbare kollektive Tat, die aus einer zutiefst persönlichen Ohnmacht entstand. Denn es ist dieses gemeinsame Zusammenhelfen der Solidarischen, das letztlich Veränderung bewirkt. Zuerst in uns, dann durch uns, für alle um uns herum.

Anhang

Danksagung

Je älter ich werde, umso demütiger werde ich. Weil ich in den vielen Begegnungen mit Menschen, fast mehr noch in jenen mit Tieren und in der Natur, aber auch in stillen Momenten allein, erlebe, dass es etwas Höheres gibt. Und aus dieser Erkenntnis wächst Dankbarkeit. Ich bin dankbar dafür, dass ich lernen und verstehen kann, dass ich im begrenzten Rahmen sogar gestalten darf. Ich bin mir dessen bewusst, dass das ein großes Privileg ist. Und ich bemühe mich, dem gerecht zu werden.

Ich habe mir nicht ausgesucht, in Österreich auf die Welt zu kommen, als Kind meiner Eltern. Ich habe nicht beeinflusst, dass ich in Sicherheit aufwachsen konnte, weitestgehend gesund und in bescheidenem Wohlstand. Ich hatte einfach großes Glück. Es ist auch nicht mein Verdienst, dass ich immer eine liebevolle Familie um mich hatte, die mir ermöglicht hat, mich zu entfalten. Die mir ihren Schutz, ihren Rat und ihre Liebe geschenkt hat, wann immer ich sie brauchte.

Viel zu viel von dem, was uns gegeben wird im Leben, nehmen wir als selbstverständlich hin, hinterfragen es nicht weiter. Und ich glaube, wir nehmen uns alle viel zu selten Zeit, um uns diese Geschenke bewusst zu machen. Und um uns dafür zu bedanken. Zumindest fürchte ich, dass das auf mich zutrifft. Daher möchte ich diesen Raum nun mit meiner ganzen Dankbarkeit füllen. Denn ich bin geworden, wer ich bin, auch durch die Förderung und Gnade ganz vieler Menschen in meinem Leben.

Ich möchte mich bei meinen UnterstützerInnen bedanken, den mittlerweile Tausenden Menschen in Österreich, Deutschland und der Schweiz. Sie begleiten mich teilweise seit Jahren auf meinem Weg und haben durch ihren Beistand viel von dem möglich gemacht, was ich im Laufe der Zeit erleben konnte. Wir sind wahrlich eine Gemeinschaft der Gleichgesinnten im Streben nach einer gerechteren Welt für alle. Noch ohne Ort und Rahmen, aber dennoch bereits miteinander verbunden.

In dieser großen Gemeinde, deren Tür immer und für alle offen steht, der man sich jederzeit anschließen kann, gibt es manche, die mich ganz besonders intensiv unterstützen. Sie wissen, wer sie sind, und sie wissen, was ich ihnen verdanke. Und ich möchte mich bei jenen Menschen bedanken, die mich durch ihr Werk und ihr Wesen besonders inspirieren. Etwa bei Jane Goodall, die mit ihrer Hingabe etwas leistet, das kaum in Worte zu fassen ist. Wenn wir es schaffen, nur ein wenig ihrem Vorbild zu folgen, haben wir viel erreicht.

Nicht zuletzt danke ich dem Schicksal, dass ich meinen Weg gehen kann. Mein Glaube leitet, schützt und stützt mich. Er macht mir Hoffnung. Ich danke meinen Eltern und meinem Bruder für ihren Glauben an mich. Auch in den Momenten, in denen ich den Glauben an mich selbst verliere. Und ich danke insbesondere meiner wundervollen Frau Veronika und meinem Sohn Tristan, diesen wunderbaren, für mich so einzigartigen Menschen. Für ihre Liebe, ihren Rat und ihre Kraft.

Danke.

Daten, Fakten und weiterführende Lektüre

Ich habe in diesem Buch viele Studien herangezogen, auf spannende Untersuchungen hingewiesen, mich auf verschiedenste Zahlen und Fakten aus Deutschland, Österreich und der Schweiz sowie aus dem internationalen Raum bezogen. Aus Gründen der leichteren Lesbarkeit, vor allem aber auch, weil es mir nicht um einen wissenschaftlichen Fachdiskurs, sondern um das Aufzeigen von Tendenzen und Entwicklungen ging, habe ich die konkreten Quellen nicht jeweils explizit im Text angeführt. Manche Menschen wollen sich aber gerne konkreter in die Fachliteratur einlesen, möchten wissenschaftliche Publikationen selbst studieren. Als jemand, der selbst aus der Forschung kommt, kann ich das nur zu gut nachvollziehen.

Für alle, die sich also gerne vertiefend damit beschäftigen möchten, habe ich nachstehend eine kleine Auflistung von verwendeten Quellen und weiterführender Lektüre vorgenommen. Zwar ohne Anspruch auf Vollständigkeit, aber mit vielen unterschiedlichen Perspektiven zu Ernährung, Landwirtschaft, Umwelt-, Natur- und Tierschutz. Manches ist nicht ganz aktuell, weil gewisse Erhebungen nur im Abstand von fünf oder gar zehn Jahren durchgeführt werden. Ich habe mich aber bemüht, eine möglichst vielfältige Übersicht zu schaffen.

Denn mir geht es in diesem Buch ja um eine Zusammenschau, um das Zusammenführen von verschiedenen Disziplinen mit ihren unterschiedlichen Perspektiven und Methoden. Aus dem eigenen Fachbereich hinauszublicken ist umso wichtiger, je mehr wir uns in einer Querschnittsmaterie bewegen, wie das bei der Ernährung zweifellos der Fall ist. Als Ökonom und Sozialforscher bin ich oft selbst an diese Grenzen geraten und habe gelernt, wie herausfordernd, aber gleichsam wertvoll es sein kann, sich auf fremde Bereiche einzulassen.

Bitte bei der Lektüre der angeführten Publikationen aber immer berücksichtigen, dass die Art der Darstellung mitunter mehr oder weniger stark von den Perspektiven der Autoren geprägt ist. Gemäß dem Grundsatz, dass der Standort den Standpunkt zumindest beeinflusst, wenn nicht sogar bestimmt. Die Seriosität der Quellen steht für mich zwar außer Frage, sonst hätte ich sie nicht angeführt. Aber es kann dennoch einen Unterschied machen, ob eine Interessenvertretung, der Staat, eine supranationale Organisation oder ein Unternehmen eine Studie beauftragt bzw. publiziert hat. Das sollte man im Kopf behalten, wenn man sich die Berichte durchliest und vor allem die Rückschlüsse studiert, die von den Autoren gezogen werden.

»*The State of Food and Agriculture 2019*«
FAO, 2019

»*The State of Food Security and Nutrition in the World 2019*«
FAO, IFAD, UNICEF, WFP and WHO, 2019

»*Global Assessment Report on Biodiversity and Ecosystem Services 2019*«
IPBES, 2019

»*GAP-Reformpaket für die Zeit nach 2020, Fortschrittsbericht*«
Rat der Europäischen Union, Dezember 2019

»*Situationsbericht 2019/20. Trends und Fakten zur Landwirtschaft*«
Deutscher Bauernverband e.V., Dezember 2019

»*Grüner Bericht 2019. Die Situation der österreichischen Land- und Forstwirtschaft*«
Bundesministerium für Landwirtschaft, Regionen und Tourismus, September 2019

»*Agrarbericht 2019*«
Bundesamt für Landwirtschaft, November 2019

»*Privilegienregister der Schweizer Landwirtschaft, Aktualisierung 2020*«
Avenir Suisse, Januar 2020

»Nationaler GAP-Strategieplan für Österreich. 2021–2027«
Bundesministerium für Nachhaltigkeit und Tourismus, Oktober 2019

»Agrar-Atlas 2019. Daten und Fakten zur EU-Landwirtschaft«
Heinrich-Böll-Stiftung, Bund für Umwelt und Naturschutz Deutschland und Le Monde Diplomatique, März 2019

»Der Insekten-Atlas 2020. Daten und Fakten über Nütz- und Schädlinge in der Landwirtschaft«
Heinrich-Böll-Stiftung, Bund für Umwelt und Naturschutz Deutschland und Le Monde Diplomatique, Januar 2020

»Der Insekten-Atlas 2020. Daten und Fakten über Nütz- und Schädlinge in der Landwirtschaft. Österreich Ausgabe«
Heinrich-Böll-Stiftung und Umweltschutzorganisation GLOBAL 2000, März 2020

»Plastikatlas 2019. Daten und Fakten über eine Welt voller Kunststoff«
Heinrich-Böll-Stiftung und Bund für Umwelt und Naturschutz Deutschland, Juni 2019

»Plastikatlas 2019. Daten und Fakten über eine Welt voller Kunststoff. Österreich-Ausgabe«
Heinrich-Böll-Stiftung und Umweltschutzorganisation GLOBAL 2000, Juni 2019

»Hooked on Meat. Wie die europäische Nachfrage nach Soja die Klimakrise verschärft«
Greenpeace, August 2019

»Keime außer Kontrolle. Nährstoffe und antibiotikaresistente Bakterien in Gewässern in Deutschland«
Greenpeace, November 2018

»Aufgeflattert! Biodiversität in Österreich: eine Vision für 2030«
Blühendes Österreich & GLOBAL 2000, August 2019

»Die Stille nach der Jagd. Die Buschfleischkrise in Zentralafrika«
WWF Deutschland, Dezember 2012

»*Weniger ist mehr. Weniger Fleisch und Milch für ein besseres Leben und einen gesünderen Planeten*«
Greenpeace, März 2018
»*Teller statt Tonne. Lebensmittelabfälle in österreichischen Haushalten. Status quo*«
Universität für Bodenkultur Wien im Auftrag von WWF Österreich, April 2020
»*Lagebericht zu Lebensmittelabfällen und -verlusten in Österreich*«
WWF Österreich und MUTTER ERDE, März 2016
»*Lebensmittelabfälle in Deutschland – Baseline 2015*«
Johann Heinrich von Thünen-Institut, September 2019
»*Aus kontrolliertem Raubbau: Wie Politik und Wirtschaft das Klima anheizen, Natur vernichten und Armut produzieren*«
Kathrin Hartmann, August 2015
»*Das Ende der Evolution: Der Mensch und die Vernichtung der Arten*«
Matthias Glaubrecht, Dezember 2019